Was pflegende Angehörige wissen sollten

Absicherung, Entlastungen und gleichzeitige Erwerbstätigkeit

Rolf Winkel

Akademische Arbeitsgemeinschaft | Mannheim

Postfach 10 01 61 · 68001 Mannheim
Telefon 0621/8626262
Telefax 0621/8626263
www.akademische.de

1. Auflage
Stand: Februar 2024

Zum Zwecke der besseren Lesbarkeit verwenden wir allgemein die grammatisch männliche Form. Selbstverständlich meinen wir aber bei Personenbezeichnungen immer alle Menschen unabhängig von ihrer jeweiligen geschlechtlichen Identität.

Redaktion: Dr. Torsten Hahn, Benedikt Naglik, Gerald Eckel

Geschäftsführer: Christoph Schmidt, Stefan Wahle

Layout und Umschlaggestaltung: futurweiss kommunikationen, Wiesbaden

Bildquelle: envato.elements.com – choreograph

Printed in Poland

ISBN 978-3-96533-367-3

In einer alternden Gesellschaft wird das Pflegethema immer wichtiger

In einer **alternden Gesellschaft** wie in **Deutschland** wird die Pflege unausweichlich zu einem Thema, dem sich immer mehr Menschen stellen müssen: als künftig selbst Pflegebedürftiger – immerhin liegt die Wahrscheinlichkeit später pflegebedürftig zu werden bei über 50 % – oder als Angehöriger, Freund oder Nachbar, der bereits aktuell von Pflegebedürftigkeit betroffen ist. Nach einer Hochrechnung des **Deutschen Instituts für Wirtschaftsforschung** (DIW) Berlin waren schon 2022 rund 5,3 Millionen Bürger sorgende und pflegende Angehörige. Davon pflegten 2,2 Millionen mehr als zehn Stunden wöchentlich und galten damit als pflegende Angehörige gemäß der Logik der deutschen Renten-, Arbeitslosen- und Unfallversicherung. Inzwischen dürften die Zahlen, da es von Jahr zu Jahr mehr Pflegebedürftige gibt, noch gestiegen sein.

Für diese **Pflegepersonen** – wie sie in der Sprache der Pflegeversicherung heißen – ist dieser Beitrag gedacht. 91 % der Pflegenden haben sich hierfür freiwillig entschieden und 59 % wollen dies auch weiterhin tun und sehen die Pflege von Angehörigen zu Hause als das favorisierte Versorgungsmodell an – gegenüber der Betreuung in einem **Pflegeheim.** Zu erwähnen ist, dass die Pflegepersonen dies nicht nur für die von ihnen gepflegten Angehörigen, sondern auch für sich selbst so sehen.

Die **Angehörigenpflege** ist – wie generell alle Sorgetätigkeiten – unter den Geschlechtern ungleich verteilt. Die **Nächstenpflege** ist **weiblich.** Frauen sind über alle Altersgruppen hinweg diejenigen, auf deren Schultern die Versorgung der Pflegebedürftigen vorwiegend ruht. Die überwältigende Mehrheit pflegt Vater, Mutter oder den eigenen Partner. Die meisten Hauptpflegepersonen sind zwischen 56 und 65 Jahre alt und somit noch im erwerbsfähigen Alter bzw. an der Grenze zwischen Arbeit und Ruhestand.

Wichtig: Die **Zeit der Pflege** ist **keine schnell vorübergehende Zwischenphase.** 59 % der Betroffenen pflegen schon länger als drei Jahre. Die Erwerbstätigkeit geht mit der Übernahme der Nächstenpflege zurück – besonders dann, wenn zehn oder mehr Stunden wöchentlich gepflegt wird. In der Mehrheit (54 %) sind die Hauptpflegepersonen jedoch nicht mehr erwerbstätig. Zudem arbeiten 27 % schon vor der Übernahme der wesentlich intensiveren Pflegephase in Teilzeit oder in einem Minijob. 49 % aller Pflegenden geben an, dass sie ihre Arbeitszeit aufgrund der Pflege reduziert haben. Von diesen Personen reduzieren 48 % den Arbeitsumfang um die Hälfte und mehr. 6 % geben den Job gar ganz auf.

Diejenigen, die reduzieren, verzeichnen mit 42 % einen **Verdienstausfall** von monatlich bis zu 500,– € und 30 % verzichten sogar auf 1.000,– €. Insbesondere pflegende Frauen haben mit 24 % ein sehr hohes Armutsrisiko – das gilt auch für Pflegepersonen unter 64 Jahren. In diesem Ratgeber werden unter anderem verschiedene Modelle durchgespielt, wie der Einkommensrückgang aufgefangen werden kann. Darüber hinaus erfahren Sie, welche **Ansprüche auf Arbeitsverkürzung** Pflegende haben und wie deren Absicherung durch die Sozialversicherung gestaltet ist und wie Sie als Pflegende gegebenenfalls Entlastung finden können.

Rolf Winkel
Fachautor für Arbeits- und Sozialrecht

Inhalt

1 WENN IHR ANGEHÖRIGER PFLEGEBEDÜRFTIG WIRD: ERSTE SCHRITTE . . . 9

1.1 Ist die Pflege vereinbar mit Ihrem Beruf? . . . 9
1.2 Inanspruchnahme einer Pflegeberatung . . . 10
1.3 Lässt sich der Umfang des Pflegebedarfs abschätzen? . . . 12
1.4 Ist die Pflege überhaupt zu Hause möglich? . . . 12
1.5 Pflegeantrag stellen . . . 13
1.6 Seit 2023 Notvertretungsrecht für Ehepartner . . . 14
1.7 Bei fehlender Vollmacht: Betreuung beantragen . . . 14
1.8 Rechtzeitig um Vorsorgevollmacht kümmern . . . 15
1.9 Trauen Sie sich die Pflege überhaupt zu? . . . 16
1.10 Nehmen Sie Profis in Anspruch . . . 16
1.11 Bereiten Sie den Besuch des Gutachters vor . . . 17
1.12 Zwei Wochen lang Pflegetagebuch/Pflegedokumentation führen . . . 18

2 WENN SIE (NOCH) ERWERBSTÄTIG SIND: DIE ENTLASTUNGSMÖGLICHKEITEN . . . 19

2.1 Überblick: Auszeit oder Teilzeit für die Pflege? . . . 20
2.1.1 Wer gilt als naher Angehöriger? . . . 20
2.1.2 Welche Ansprüche auf Freistellungen oder Arbeitszeitverkürzungen für die Pflege oder Betreuung von nahen Angehörigen gibt es? . . . 21
2.1.3 Verwirrende Regelungen . . . 22
2.2 Wie die Freistellung für zehn Arbeitstage (»kleine Pflegezeit«) geregelt ist . . . 23
2.2.1 Voraussichtliche Pflegebedürftigkeit reicht . . . 24
2.2.2 Seit 2024 jährlicher Anspruch . . . 24
2.2.3 So funktioniert die Freistellung . . . 25
2.2.4 Lohnausgleich beantragen . . . 26
2.2.5 Höhe des Pflegeunterstützungsgeldes . . . 28

2.3 Pflegezeit von bis zu sechs Monaten . . . 29
2.3.1 Ankündigungsfrist für die Pflegezeit . . . 29
2.3.2 Kein Einkommensersatz während der Pflegezeit . . . 30
2.3.3 Darlehen möglich . . . 30
2.3.4 Teilzeitarbeit möglich . . . 31
2.3.5 Vorzeitige Beendigung der Pflegezeit möglich . . . 32
2.3.6 Pflegepersonen genießen Kündigungsschutz . . . 33
2.4 Freistellung für bis zu drei Monate für die Sterbebegleitung . . . 33
2.4.1 Rechtsanspruch auf Freistellung . . . 34
2.4.2 Parallele Inanspruchnahme möglich . . . 35
2.4.3 Kündigungsschutz besteht . . . 35
2.5 Längere Arbeitszeitverkürzung nach dem Familienpflegezeitgesetz . . . 35
2.6 Was tun bei längeren Pflegezeiten? . . . 36
2.7 Verbesserte Regelungen zur Pflegezeit- und Familienpflegezeit für Arbeitnehmer aus Kleinbetrieben . . . 38
2.8 Überblick: Kurzzeitige pflegebedingte Arbeitszeitverhinderung, Pflegezeit und Familienpflegezeit . . . 39

3 SOZIALE ABSICHERUNG BEI DER EHRENAMTLICHEN PFLEGE . . . 41
3.1 Gesetzliche Rentenversicherung . . . 42
3.2 Generelle Voraussetzungen für die Versicherungspflicht der ehrenamtlichen Pflegetätigkeit . . . 44
3.2.1 Schritt 1: Prüfung der Beitragspflicht . . . 45
3.2.2 Schritt 2: Höhe der Rentenversicherungsansprüche . . . 47
3.3 Schritt-für-Schritt-Anleitung: So kommen Sie als pflegender Rentner zu höheren Rentenbezügen . . . 50
3.3.1 Schritt 1: Teilrente beantragen . . . 50
3.3.2 Schritt 2: Fragebogen besorgen und der Pflegekasse zuschicken . . . 51
3.3.3 Schritt 3: Schreiben der Pflegekasse abwarten . . . 52
3.3.4 Schritt 4: Entscheidung der Pflegekasse abwarten . . . 52
3.3.5 Wenn Sie bereits eine 99-Prozent-Teilrente erhalten . . . 53
3.3.6 Achtung bei der Betriebsrente . . . 54

3.4 Die Arbeitslosenversicherung 54
3.4.1 Nachteilsausgleich bei Arbeitszeitverminderung 56
3.4.2 Versicherungsschutz greift auch bei Beginn der Pflege vor 2017 56
3.4.3 Höhe des Arbeitslosengeldes nach der Zeit der Angehörigenpflege 57
3.4.4 Nach längerer Zeit der Pflege: fiktive Bemessung des Arbeitslosengeldes 58
3.4.5 Angehörigenpflege bei Bezug von Arbeitslosengeld möglich 59
3.5 Gesetzliche Kranken- und Pflegeversicherung 60
3.5.1 Möglichkeit 1: Familienversicherung über Ehepartner . . . 60
3.5.2 Möglichkeit 2: Freiwillige gesetzliche Versicherung 61
3.5.3 Möglichkeit 3: Private Versicherung 63
3.6 Gesetzliche Unfallversicherung 64

4 ARBEITSZEITREDUZIERUNG ODER AUSZEIT FÜR DIE PFLEGE: FINANZIELLE FOLGEN UND AUFFANGMÖGLICHKEITEN 67

4.1 Pflegegeld als Anerkennung des Einsatzes des pflegenden Angehörigen 67
4.2 Teilzeitlohn plus Pflegegeld plus Wohngeld 69
4.3 Möglicher Anspruch auf Bürgergeld in der Zeit der Angehörigenpflege 71
4.4 Vorausschauendes Modell: Betriebliches Langzeitkonto 74

5 LEISTUNGEN DER PFLEGEVERSICHERUNG ZUR ENTLASTUNG PFLEGENDER ANGEHÖRIGER 77

5.1 Die Verhinderungs- und Kurzzeitpflege 77
5.2 Neu seit 2024: Verhinderungspflege ab Eintritt der Pflegebedürftigkeit für Pflegebedürftige unter 25 Jahren 78
5.3 Die Kurzzeitpflege 79
5.3.1 Ab Mitte 2025 ein gemeinsamer Jahresbetrag 80
5.3.2 Pflegegeld bleibt zur Hälfte erhalten 80
5.4 Die Tages- und Nachtpflege 81

6 ANSPRUCH AUF EINEN KOSTENLOSEN PFLEGEKURS 85

6.1 Nutzen Sie kostenlose Pflegekurse 85

6.2 Kurse auch »zu Hause« 86

7 PFLEGE UND ERBE 87

7.1 Die Rechtslage 87

7.2 Wer kann Ausgleichsansprüche beanspruchen? 88

7.3 Was ist die Pflege beim Erbe wert? 89

7.4 Wie können pflegende Kinder oder Enkel Ausgleichsansprüche durchsetzen? 89

INDEX 91

1 Wenn Ihr Angehöriger pflegebedürftig wird: Erste Schritte

Vielleicht beschäftigen Sie sich vorsorglich mit dem Thema »**Angehörigenpflege**«, denken darüber nach, wie Sie damit umgehen würden, wenn Ihr Vater, Ihre Mutter, Ihr Partner oder nahe Freunde pflegebedürftig würden – später, irgendwann einmal. Das ist aber eher unwahrscheinlich.

Meist beschäftigen sich Menschen mit der Pflegebedürftigkeit von Angehörigen erst dann intensiver, **wenn der Pflegefall eingetreten ist** – manchmal ist das ein schleichender Prozess, aber oft ist es eher ein plötzlicher Einschlag (etwa ein Schlaganfall), der nicht nur die Situation des Betroffenen, sondern auch ihre eigene Situation als Tochter, Sohn, Ehepartner oder sonstiger Angehöriger dramatisch verändert.

Sie stehen dann – soweit Sie sich für Ihren Angehörigen in Verantwortung sehen – vor zahlreichen Aufgaben. Falls Sie – wie viele Pflegepersonen – erwerbstätig sind, sollten Sie sich umgehend Freiraum im Job verschaffen, um sich mit dem zu beschäftigen, was als Pflegende(r) auf Sie zukommt.

Nehmen Sie in jedem Fall zumindest eine kurze Auszeit vom Job. Dafür steht Ihnen meist eine 10-tägige Auszeit zu. In dieser Zeit können Sie eine Lohnersatzleistung erhalten, die ganz ähnlich funktioniert wie das Ihnen vielleicht ja bekannte Kinderkrankengeld der gesetzlichen Krankenkassen. Wie die 10-tägige Freistellung funktioniert, erfahren Sie in diesem Beitrag.

1.1 Ist die Pflege vereinbar mit Ihrem Beruf?

Das sollten Sie für sich möglichst schnell klären. Gegebenenfalls kann es gerade zu Beginn der Pflegetätigkeit sinnvoll sein, nicht nur die 10-tägige kurze Auszeit für die Pflege, sondern eine etwas längere Pflegezeit zu beantragen. Möglich ist eine **bis zu 6-monatige Aus-**

zeit vom Job – ohne Lohnersatzleistung. Es müssen aber nicht unbedingt sechs Monate sein. Gegebenenfalls kann Ihnen schon eine 1- oder 2-monatige Auszeit helfen.

Es gibt eine Reihe von Möglichkeiten, wie Sie als pflegender Angehöriger von der Pflege entlastet werden können, um so Job und Pflege besser vereinbaren zu können. Interessant ist etwa die Möglichkeit, eine Tagespflege in Anspruch zu nehmen. In diesem Fall können Sie die pflegebedürftige Person für einige Stunden einer professionellen Betreuungseinrichtung – häufig angeschlossen an ein Pflegeheim – überlassen. Doch über solche Angebote werden Sie zu Beginn Ihrer Pflegetätigkeit kaum Bescheid wissen. Zudem gibt es zum Teil lange Wartelisten. Allein um solche Möglichkeiten zu recherchieren und zu organisieren, kann eine Auszeit für die Pflege sinnvoll sein.

1.2 Inanspruchnahme einer Pflegeberatung

Wenn die Pflegesituation eintritt, sollten Sie umgehend eine **Pflegeberatung** in Anspruch nehmen. Dazu sind Sie nicht verpflichtet. Doch die Inanspruchnahme der Pflegeberatung hilft Ihnen, Entscheidungen zu treffen, wie Sie Ihr Leben in der nächsten Zeit – meist sind es ja Jahre, in denen Sie die Pflege verantwortlich übernehmen (wollen Sie das?) – gestalten. Denn klar ist: Nicht nur das Leben der pflegebedürftigen Person, sondern genauso Ihr eigenes verändert sich dramatisch, wenn Sie Pflegeverantwortung übernehmen.

Übrigens am Rande: Niemand muss sich, um die Angehörigenpflege zu übernehmen, einer Prüfung unterziehen. **Pflegekenntnisse** sind sicherlich von Vorteil, wenn Sie einen Angehörigen pflegen möchten. Doch sie sind für keine der Leistungen der Pflegeversicherung eine Anspruchsvoraussetzung. Zudem gibt es – dazu später mehr – für Sie kostenlose Kurse, in denen Pflegekenntnisse vermittelt werden.

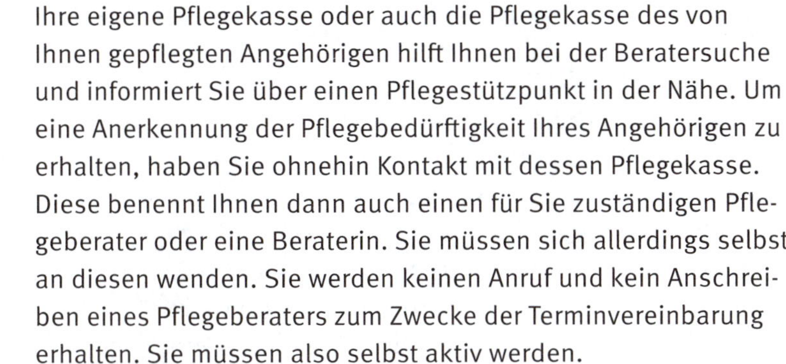

Ihre eigene Pflegekasse oder auch die Pflegekasse des von Ihnen gepflegten Angehörigen hilft Ihnen bei der Beratersuche und informiert Sie über einen Pflegestützpunkt in der Nähe. Um eine Anerkennung der Pflegebedürftigkeit Ihres Angehörigen zu erhalten, haben Sie ohnehin Kontakt mit dessen Pflegekasse. Diese benennt Ihnen dann auch einen für Sie zuständigen Pflegeberater oder eine Beraterin. Sie müssen sich allerdings selbst an diesen wenden. Sie werden keinen Anruf und kein Anschreiben eines Pflegeberaters zum Zwecke der Terminvereinbarung erhalten. Sie müssen also selbst aktiv werden.

Die **Beratung** ist **kostenlos.** Die Beratung kann auch – wenn Sie oder der pflegebedürftige Angehörige dies wünschen – **bei dem Pflegebedürftigen zu Hause** stattfinden. Oft ist das sinnvoll. So kann unmittelbar vor Ort auch schon festgestellt werden, ob in der betreffenden Wohnumgebung überhaupt eine Pflege durchführbar ist und was gegebenenfalls in der Wohnung geändert werden muss. Ein Badezimmer mit einer 60 cm breiten Tür ist beispielsweise für einen Rollstuhlfahrer ungeeignet. Gegebenenfalls wird ein Pflegeberater Sie umgehend an eine Wohnberatung vermitteln.

Wohnungsanpassungsmaßnahmen finanziert die Pflegekasse Ihres Angehörigen bis zu einem Betrag von 4.000,– €.

Falls erforderlich sowie auf Wunsch, erstellen Pflegeberater auch einen **individuellen Versorgungsplan** mit den für die pflegebedürftige Person erforderlichen Hilfen. Sinnvoll sind für Sie die konkreten Angebote vor Ort.

Über diese informieren Sie sich am besten in einem Pflegestützpunkt. Das ist das gemeinsame Dach, unter dem sich die Mitarbeiter der Pflege- und Krankenkassen, der Altenhilfe und der Sozialhilfeträger untereinander abstimmen und Hilfesuchenden die infrage kommenden Sozialleistungen erläutern und mit Rat zur Seite stehen. Sie können die Pflegeberatung auch in einem Pflegestützpunkt wahrnehmen. Die Pflegekassen erteilen Auskunft über den nächstgelegenen Pflegestützpunkt.

1.3 Lässt sich der Umfang des Pflegebedarfs abschätzen?

Als medizinischer Laie werden Sie meist wohl kaum abschätzen können, welche Aufgaben bei der Pflege auf Sie zukommen. Ein **Pflegeberater** wird das schon eher können. Unverzichtbar ist aber für Sie wohl die **Expertise des Hausarztes** der gepflegten Person. Dieser wird am ehesten einschätzen können, wie sich die Situation des Gepflegten wahrscheinlich verändern wird und welche Aktivitäten und Handgriffe diesem aktuell und gegebenenfalls in einem halben Jahr noch möglich sein werden. Auskunft geben darf Ihnen der Hausarzt oder auch ein anderer Mediziner in der Regel nur, wenn er von der **Schweigepflicht** entbunden ist. Ohne eine solche Entbindung dürfen Mediziner selbst Ehepartnern gegenüber im Regelfall keine Auskunft geben.

Spätestens bei Eintritt von Pflegebedürftigkeit sollten Sie den von Ihnen betreuten Angehörigen bitten, seine Ärzte Ihnen gegenüber von der Schweigepflicht zu befreien. Vielfach dürften Arztpraxen hierfür ein Formular vorrätig haben. Wichtig zu wissen: Die Schweigepflichtentbindung kann jederzeit widerrufen werden.

1.4 Ist die Pflege überhaupt zu Hause möglich?

Die Frage lässt sich unter verschiedenen Gesichtspunkten angehen. Zum einen als eher technische Frage: Wenn die Wohnung Ihres Angehörigen bzw. – falls dort die Pflege stattfinden soll – Ihre eigene sich in der jetzigen Form nicht eignet, kommt eine **Wohnungsanpassung** infrage. Erste Informationen hierüber und darüber, was gegebenenfalls zu tun ist, erhalten Sie in der Pflegeberatung.

Zwei andere Aspekte die Frage anzugehen, betreffen die **gesundheitliche Situation Ihres Angehörigen.** So kommt gerade bei sehr schwer Pflegebedürftigen die Pflege zu Hause kaum infrage bzw. sie stellt eine völlige Überforderung der Angehörigen dar.

Schließen Sie nicht von vornherein einen Umzug Ihres Angehörigen in ein Pflegeheim aus. In manchen Situationen ist dies die bessere Lösung. Es ist keineswegs »ehrenrührig«, wenn Sie Ihren Angehörigen hierauf ansprechen.

Häufig ist es auch so, dass gerade nach extremen gesundheitlichen Einschlägen grundsätzlich zwar eine Pflege zu Hause infrage kommt – jedoch erst nach einer gewissen Rehabilitations- und Erholungszeit. Dies kann beispielsweise nach einem Schlaganfall der Fall sein.

1.5 Pflegeantrag stellen

Leistungen der Pflegeversicherung gibt es nur **auf Antrag** – und diesen muss im Grundsatz der Pflegebedürftige selbst stellen. Doch das ist mitunter nicht einfach, etwa wenn der dieser nicht bei Bewusstsein ist. Zunächst reicht zur Einleitung des Verfahrens ein einfaches Schreiben, das auch Sie als Angehöriger abschicken können. Sie können den Antrag auch telefonisch stellen – dies führt im Streitfall unter Umständen jedoch zu Beweisschwierigkeiten.

Besser ist es, den Antrag per E-Mail zu stellen. Es reicht ein formloses Schreiben mit der Erklärung: »Hiermit beantrage ich ab sofort Leistungen der Pflegeversicherung«, bzw. falls der Angehörige das Schreiben aufsetzt: »Hiermit beantrage ich sofort Leistungen für meinen ...«. Dazu müssen die Adresse, die Versichertennummer bei der Kranken- und Pflegekasse und das Datum ergänzt werden.

Die Kassen schicken dann umgehend einen **»Antrag auf Leistungen der Pflegeversicherung«** zu. Dieses Antragsformular muss dann der Pflegebedürftige selbst unterschreiben. Ob dies durchweg so gehandhabt wird, steht auf einem anderen Blatt. So ist auf jeden Fall die **Rechtslage.** Sie können den Antrag als Angehöriger auch anstelle des Pflegebedürftigen stellen und unterschreiben. Dies setzt allerdings voraus, dass Sie hierzu bevollmächtigt sind.

Eine solche einfache Vollmacht zur Regelung von Kranken- und Pflegeversicherungsangelegenheiten sollte eigentlich jeder einem Vertrauten ausstellen. Damit gibt man keine Rechte (etwa zur Entscheidung über wichtige Operationen) an Dritte ab, sondern ermöglicht Angehörigen in Krisensituationen nur die unbürokratische Kommunikation mit den genannten Versicherungen.

1.6 Seit 2023 Notvertretungsrecht für Ehepartner

§ 1358 Bürgerlichen Gesetzbuch (BGB) regelt ein inzwischen **gegenseitiges Notvertretungsrecht von Ehepartnern und eingetragenen Lebenspartnern.** Dieses gilt nicht in Vermögensfragen, sondern nur in »**Angelegenheiten der Gesundheitsvorsorge**« und auch nur dann, wenn »ein Ehegatte aufgrund von Bewusstlosigkeit oder Krankheit seine Angelegenheiten der Gesundheitssorge rechtlich nicht besorgen« kann, so die Formulierung im BGB. Das Notvertretungsrecht gilt maximal für sechs Monate. Dauert die Bewusstlosigkeit/Entscheidungsunfähigkeit des Ehepartners länger als sechs Monate, muss ein **Betreuer** bestellt werden.

Durch das Notvertretungsrecht wäre im Falle des Falles das Stellen des Pflegeantrags bei der Pflegeversicherung abgedeckt.

1.7 Bei fehlender Vollmacht: Betreuung beantragen

Das **Notvertretungsrecht** hilft nur Ehe- und (offiziellen) Lebenspartnern, nicht jedoch – beispielsweise – Töchtern und Söhnen einer Person, die vorübergehend etwa nach einem Schlaganfall im Koma liegt.

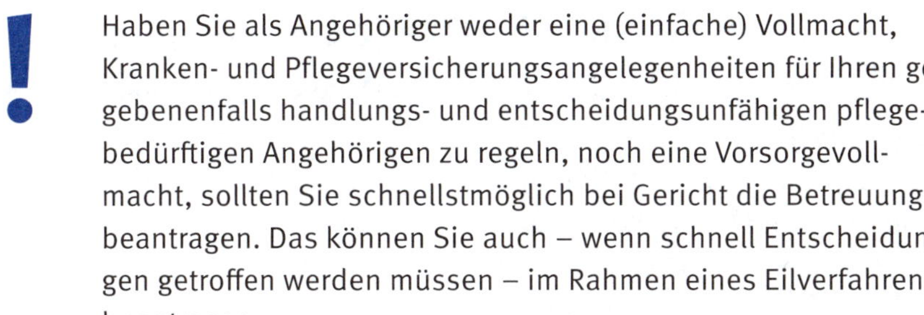
Haben Sie als Angehöriger weder eine (einfache) Vollmacht, Kranken- und Pflegeversicherungsangelegenheiten für Ihren gegebenenfalls handlungs- und entscheidungsunfähigen pflegebedürftigen Angehörigen zu regeln, noch eine Vorsorgevollmacht, sollten Sie schnellstmöglich bei Gericht die Betreuung beantragen. Das können Sie auch – wenn schnell Entscheidungen getroffen werden müssen – im Rahmen eines Eilverfahrens beantragen.

1.8 Rechtzeitig um Vorsorgevollmacht kümmern

Besser ist es allerdings, wenn Sie für den Pflegefall vorgesorgt haben und gemeinsam mit Ihrem Angehörigen vorab eine **Vorsorgevollmacht** aufgesetzt haben. Wenn ein Angehöriger von Ihnen durch Alter, Unfall oder Krankheit seine Angelegenheiten nicht mehr selbst regeln kann, benötigen Sie von diesem eine solche Vollmacht, wenn Sie sich um diese Angelegenheit kümmern wollen und sollen.

Diese regelt, dass Sie für Ihren Angehörigen Entscheidungen treffen dürfen, wenn dieser selbst dazu nicht (mehr) in der Lage ist.

Was in der Vorsorgevollmacht an Sie delegiert wird, kann ganz unterschiedlich sein. Die Vollmacht kann etwa in medizinischen Fragen gelten oder in Vermögensfragen. Wenn Ihr Angehöriger allerdings eine Patientenverfügung erstellt hat, gibt diese allerdings bereits den Rahmen vor, innerhalb dessen Sie als gegebenenfalls Bevollmächtigter in medizinischen Fragen Entscheidungen treffen können. Mit dem Tool »Online-Vorsorgevollmacht« der Verbraucherzentrale können Sie kostenlos eine Vorsorgevollmacht erstellen.

1.9 Trauen Sie sich die Pflege überhaupt zu?

Durch die Pflegesituation wird Ihr Verhältnis zu dem Angehörigen, den Sie pflegen möchten, auf eine völlig andere Grundlage gestellt. Und es fallen – was durchaus wörtlich zu nehmen ist – Grenzen. Wollen Sie das? Können Sie das? Es ist sinnvoll, wenn Sie sich diese Fragen sofort **zu Beginn der Pflegesituation** stellen und vielleicht auch vor Inanspruchnahme der Pflegeberatung.

Eine große Herausforderung ist für viele Menschen der Umgang mit dem **Intimbereich.** Was in Bezug auf die eigenen Kinder eine Selbstverständlichkeit war, stellt sich – etwa, wenn es um die eigenen Eltern geht – ganz anders dar. Trauen Sie es sich zu, Ihren Angehörigen bei der Körperpflege und vor allem der Intimpflege zu unterstützen. Sind Sie in der Lage, ihn im Intimbereich zu waschen? Können Sie sich vorstellen, ihn oder sie beim Toilettengang zu unterstützen oder den Wechsel von Inkontinenzmaterialien durchzuführen?

Haben Sie die **Geduld und Gelassenheit,** um ihm geeignete Nahrung zuzubereiten und ihn bei der Ernährung zu unterstützen? Oder mindestens genauso wichtig: Können Sie es ertragen, wenn Ihr Angehöriger im Zuge einer fortschreitenden Demenz als Person buchstäblich verloren geht?

Und genauso wichtig ist natürlich: Sind Sie **körperlich,** von Ihrer eigenen Kraft her, überhaupt in der Lage, die Pflege zu schultern?

1.10 Nehmen Sie Profis in Anspruch

Wie gepflegt wird, wissen Profis von **Pflegediensten** aller Voraussicht nach zumindest in der Regel weit besser als Sie.

Gerade in den ersten Monaten der Pflege ist es für Sie und für den von Ihnen gepflegten Angehörigen oft sinnvoll, zunächst einmal einen Pflegedienst einzuschalten – auch wenn dies nicht auf Dauer sein soll. Das erleichtert es Ihnen, in die

Pflegesituation hineinzuwachsen. Nicht zu verachten ist auch der Aspekt, dass Sie sich so selbst Pflegefertigkeiten aneignen können – indem Sie selbst vor Ort nachvollziehen können, wie ein Pflegeprofi agiert und welche Kniffe er gegebenenfalls anwendet.

1.11 Bereiten Sie den Besuch des Gutachters vor

Sobald ein **Antrag auf Anerkennung der Pflegebedürftigkeit** gestellt wurde, findet zeitnah – in der Regel, in der Wohnung, in der die Pflege stattfinden soll – eine **Begutachtung durch den Gutachter des Medizinischen Dienstes** oder von **Medicproof** statt.

Bei diesem Besuch geht es nicht nur darum, ob und in welchem Ausmaß Ihr Angehöriger pflegebedürftig ist, sondern auch darum, dass Sie als »**Pflegeperson**« im Sinne der Sozialversicherung anerkannt werden.

Voraussetzung dafür ist unter anderem, dass die Pflege an mindestens zwei Tagen in der Woche mindestens zehn Stunden insgesamt in Anspruch nimmt. Deshalb sollten Sie unbedingt bei dem Besuchstermin anwesend sein. Falls Sie an dem Termin, den die Pflegekasse ankündigt, nicht anwesend sein können, bitten Sie um eine Terminverlegung. Die Pflegekasse wird dieser Bitte gerne nachkommen. Denn eine Reihe von Sachverhalten, die für die Beurteilung des Grades der Pflegebedürftigkeit ausschlaggebend sind, können vom Gutachter gar nicht selbst erhoben werden. Dies gilt insbesondere für kognitive Einschränkungen und deren Folgen im Alltag. Pflegenden Angehörigen ist dringend anzuraten, sich vor dem Besuch des Medizinischen Dienstes bzw. des Gutachters von Medicproof mit dem Begutachtungsverfahren bei der Pflegeversicherung zu beschäftigen.

1.12 Zwei Wochen lang Pflegetagebuch/Pflegedokumentation führen

Auf den **Besuch des Gutachters** sollten Sie sich **intensiv vorbereiten.** Vertrauen Sie nicht darauf, dass Sie dessen Fragen aus dem Stegreif beantworten können.

Dokumentieren Sie die notwendigen Hilfeleistungen möglichst zwei Wochen lang in einem Pflegetagebuch. Zeichnen Sie alle täglichen Verrichtungen, bei denen Unterstützung gebraucht wird, detailliert auf. Wichtig ist dabei, auch Betreuungsleistungen (etwa Spaziergänge oder gemeinsames Spielen) festzuhalten.

2 Wenn Sie (noch) erwerbstätig sind: Die Entlastungsmöglichkeiten

Viele Pflegende sind im erwerbstätigen Alter und haben ein **Beschäftigungsverhältnis,** häufig sogar eine **Vollzeitbeschäftigung.** In einer Reihe von Unternehmen gibt es in solchen Fällen flexible betriebliche Regeln zur Anpassung der Arbeitszeit an die Pflege, es gibt Modelle für flexible Arbeitszeiten und betriebliche Regelungen zur Arbeitszeitverkürzung.

Erkundigen Sie sich bei der Personalabteilung bzw. (falls vorhanden) bei Ihrem Betriebs- und Personalrat danach, ob in Ihrem Unternehmen entsprechende Regelungen bestehen. Mitunter scheuen sich Arbeitnehmer, offenzulegen, dass Sie zu Hause durch Pflege belastet sind, etwa weil Sie befürchten deshalb als weniger belastbar zu gelten (was ja durchaus der Fall sein kann). Da die Pflegetätigkeit sich meist auf einen längeren Zeitraum erstreckt und erfahrungsgemäß tatsächlich die Belastbarkeit im Job einschränkt, sollten Sie sich frühzeitig um Entlastungsmöglichkeiten an Ihrem Arbeitsplatz bemühen. Für den Fall, dass es in Ihrem Betrieb keine entsprechenden Regelungen gibt, können Sie die in diesem Kapitel skizzierten gesetzlichen Rechtsansprüche nutzen.

Angehörigenpflege ist in Deutschland kein seltenes Randereignis. Wenn Sie im Gespräch mit Kollegen hierauf zu sprechen kommen, werden Sie mit einer gewissen Wahrscheinlichkeit feststellen, dass Sie nicht allein vor der Aufgabe stehen, Pflege und Job miteinander zu vereinbaren. Gegebenenfalls können Sie von den Erfahrungen Ihrer Kollegen profitieren. Klar ist auch: Die Situation von jungen Eltern, die Job und Kinderbetreuung miteinander vereinbaren müssen, ist in mancherlei Hinsicht mit Ihrer Situation bei der Angehörigenpflege vereinbar.

2.1 Überblick: Auszeit oder Teilzeit für die Pflege?

Wenn Sie (noch) erwerbstätig sind und einen Angehörigen pflegen, stehen Sie vor der schwierigen Aufgabe, Job und Pflege miteinander zu vereinbaren. Helfen kann Ihnen dabei eine **Verkürzung Ihrer Arbeitszeit,** durch die Sie sich Zeit für die Pflege »freiräumen« können. Wichtig ist dabei zunächst: Wenn in diesem Kapitel von »**Angehörigen**« die Rede ist, so ist das tatsächlich wörtlich zu nehmen: Die **arbeitsrechtlichen** Ansprüche, um die es im Folgenden geht, bestehen für Sie nur, wenn Sie **naher Angehöriger** sind. Die Ansprüche an die Sozialversicherung, um die es im nächsten Kapitel geht, bestehen dagegen für alle **Pflegepersonen.** Dazu zählt jeder, der an mindestens zwei Tagen und wöchentlich mindestens zehn Stunden einen Pflegebedürftigen betreut. Dabei muss es sich nicht um einen Angehörigen handeln.

2.1.1 Wer gilt als naher Angehöriger?

Wer zu den **nahen Angehörigen eines Pflegebedürftigen** zählt, regelt § 7 Abs. 3 **Pflegezeitgesetz:** Als »nahe Angehörige« gelten danach nicht nur Ehegatten, Lebenspartner, Partner einer eheähnlichen oder lebenspartnerähnlichen Gemeinschaft, Großeltern, Eltern, Geschwister, Kinder, Adoptiv- und Pflegekinder, Enkelkinder sowie die Schwiegereltern und Schwiegerkinder, sondern auch Stiefeltern, Ehegatten der Geschwister und Geschwister der Ehegatten, Lebenspartner der Geschwister und Geschwister der Lebenspartner.

Neffen und Urgroßeltern tauchen in dieser im Gesetz aufgeführten Liste nicht auf. Das bedeutet: Wenn Sie sich etwa um die Organisation der Pflege eines Onkels oder Neffen kümmern, haben Sie keinen Freistellungsanspruch. Natürlich kann ein Arbeitgeber Sie aber auch freiwillig und unabhängig von den im Folgenden skizzierten gesetzlichen Regelungen von der Arbeit freistellen.

2.1.2 Welche Ansprüche auf Freistellungen oder Arbeitszeitverkürzungen für die Pflege oder Betreuung von nahen Angehörigen gibt es?

- **Kurzzeitige Arbeitsverhinderung:** Für die (Neu-)Organisation der Pflege dürfen alle Arbeitnehmer bis zu zehn Arbeitstage (meist also: zwei Kalenderwochen) der Arbeit fernbleiben. Spezielle Voraussetzungen zur Betriebsgröße oder Dauer des Beschäftigungsverhältnisses brauchen Sie hier nicht zu erfüllen. Geregelt ist das in § 2 Pflegezeitgesetz. In diesen maximal zehn Arbeitstagen erhalten Sie keinen Lohn vom Arbeitgeber, sondern **Pflegeunterstützungsgeld** von der Pflegekasse des zu pflegenden Angehörigen. Wichtig: Dieser Anspruch gilt seit Anfang 2024 für jedes Kalenderjahr erneut – und nicht nur einmalig.
- **Pflegezeit:** Bis zu sechs Monate können Sie als Arbeitnehmer ganz oder teilweise aus dem Beruf aussteigen, um einen pflegebedürftigen Angehörigen zu pflegen. Einen Rechtsanspruch darauf haben Sie aber nur, wenn Sie bei einem Arbeitgeber mit mehr als 15 Beschäftigten arbeiten (§ 3 und 4 Pflegezeitgesetz). Als Ausgleich für die Einkommensminderung können Sie ein rückzahlbares zinsloses Darlehen erhalten. Lohnersatz gibt es in dieser Zeit nicht. Der betreute Pflegebedürftige kann allerdings das Pflegegeld, das er von der Pflegekasse erhält, an Sie weitergeben.
- **Familienpflegezeit:** Wenn die sechs Monate aus der Pflegezeit nicht ausreichen, besteht nach § 2 Familienpflegezeitgesetz die Möglichkeit einer Verkürzung der Arbeitszeit auf bis zu 15 Stunden pro Woche (Untergrenze). Das gilt – einschließlich der vorherigen Pflegezeit – maximal für bis zu 24 Monate. Einen rechtlichen Anspruch darauf haben Sie aber nur, wenn Ihr Arbeitgeber mehr als 25 Beschäftigte hat. Auch hier kann ein zinsloses Darlehen die Lohneinbuße (teilweise) ausgleichen.

Diese Rechtsansprüche gelten für Sie auch, wenn Sie einen Angehörigen mit dem niedrigen Pflegegrad 1 pflegen. Auch für die Angehörigen von Personen, denen vor 2017 nur die sogenannte Pflegestufe 0 zuerkannt wurde (sie wurden damals automatisch in Pflegegrad 2 eingestuft), gelten diese Ansprüche auf Auszeit oder Teilzeit für die Pflege. Wichtig ist zudem: Eine wöchentliche Mindestpflegezeit von pflegenden Angehörigen spielt – soweit es um die Freistellungsansprüche geht – keine Rolle. Die gesetzlichen Regelungen stellen nur darauf ab, dass Sie überhaupt einen pflegebedürftigen Angehörigen betreuen.

2.1.3 Verwirrende Regelungen

Bei den unterschiedlichen Begriffen und Bestimmungen fällt der Überblick schwer: Es gibt die höchstens sechsmonatige »**Pflegezeit**« und die maximal 24-monatige »**Familienpflegezeit**«. Und das alles ist auch noch in zwei verschiedenen Gesetzen geregelt. Die wichtigste Differenz:

- Bei der **Pflegezeit** haben Arbeitnehmer die freie Wahl zwischen einer Aus- oder Teilzeit,
- während es bei der **Familienpflegezeit** nur das Teilzeitmodell (mit mindestens 15 Arbeitsstunden pro Woche) gibt.

Dass das Nebeneinander ähnlicher Instrumente bei den Angehörigen zur Verwirrung führen kann, hat offensichtlich auch der Gesetzgeber erkannt. § 2a **Familienpflegezeitgesetz** regelt nämlich, was gilt, wenn jemand sich im Antrag an den Arbeitgeber nicht klar äußert, ob nun die Pflegezeit nach § 3 Pflegezeitgesetz oder die Familienpflegezeit nach § 2 Familienpflegezeitgesetz in Anspruch genommen werden soll. Die im Gesetz vorgesehene Lösung: Im Zweifel soll es die Pflegezeit sein. Das regelt ausdrücklich § 2a Abs. 1 Familienpflegezeitgesetz.

Für Sie als pflegenden Angehörigen ist jedenfalls wichtig: Wenn Sie die Pflege über längere Zeit übernehmen, brauchen Sie sich nicht entweder für die Pflegezeit oder die Familienpflegezeit zu entscheiden. Sie können vielmehr zunächst die Pflegezeit in Anspruch nehmen und dann – falls erforderlich – die Familienpflegezeit dranhängen. Genauso können Sie auch umgekehrt verfahren: Zunächst nehmen Sie – als Teilzeitmodell – die Familienpflege in Anspruch und wenn die Pflege noch mehr Zeit in Anspruch nimmt, können Sie in eine 6-monatige Auszeit nach dem Pflegezeitgesetz wechseln. Zusammen dürfen es allerdings nicht mehr als 24 Monate sein.

Die **Freistellungsregeln** sind nicht daran gebunden, dass Angehörige die Pflege im Alleingang und ohne Einschaltung eines **Pflegediensts** übernehmen. Selbst wenn der größte Teil der Pflege durch einen Pflegedienst gewährleistet wird und Sie nur ergänzende Hilfe leisten, haben Sie – wie im Folgenden genauer beschrieben wird – das Recht, für die Pflege von der Berufsarbeit freigestellt zu werden.

2.2 Wie die Freistellung für zehn Arbeitstage (»kleine Pflegezeit«) geregelt ist

Pflegebedürftigkeit tritt oft plötzlich ein – sozusagen über Nacht. In solchen Fällen muss schnell eine **bedarfsgerechte Betreuung** organisiert werden. Das funktioniert kaum, wenn Sie daneben noch Ihren vollen Pflichten im Beruf nachkommen müssen. Daher muss jeder Arbeitgeber nahe Angehörige eines Pflegebedürftigen, die sich um das Management der Pflege kümmern, dafür kurzfristig von der Arbeit freistellen – und zwar von heute auf morgen. Das **Pflegezeitgesetz** spricht in diesem Fall von einer »**kurzzeitigen Arbeitsverhinderung**« wegen einer »**akut aufgetretenen Pflegesituation**«.

Dann gibt es für Betroffene das Recht, bis zu zehn Arbeitstage der Arbeit fernzubleiben, wenn dies erforderlich ist. Auf die Betriebsgröße kommt es nicht an. Auch nicht auf die bisherige Dauer des Beschäftigungsverhältnisses. »Nein« sagen darf ein

Unternehmen zum kurzfristigen Freistellungs-Wunsch von Beschäftigten, die die Pflege eines Angehörigen neu organisieren müssen, nicht. Auch darf das Arbeitsverhältnis in der Zeit der kurzzeitigen Arbeitsverhinderung nicht gekündigt werden.

2.2.1 Voraussichtliche Pflegebedürftigkeit reicht

Wenn Sie die bis zu 10-tägige Freistellung in Anspruch nehmen möchten, muss Ihr Angehöriger noch nicht unbedingt als pflegebedürftig im Sinne der Pflegeversicherung anerkannt sein.

Ausreichend ist vielmehr, dass ein Angehöriger voraussichtlich pflegebedürftig ist. Denn das 10-tägige Krisenmanagement dient vor allem dazu, die notwendigen Organisationsschritte einzuleiten, wozu auch gehören kann, bei der zuständigen Pflegekasse erst einmal einen Antrag auf Anerkennung des Angehörigen als pflegebedürftig zu stellen.

2.2.2 Seit 2024 jährlicher Anspruch

Die 10-tägige Freistellung für die Pflegeorganisation können Sie als pflegender Angehöriger seit Anfang 2024 nicht nur einmalig, sondern **einmal pro Kalenderjahr** in Anspruch nehmen.

Voraussetzung ist aber nach dem Pflegezeitgesetz weiterhin, dass es sich um eine »akut aufgetretene Pflegesituation« handelt, in der Sie eine bedarfsgerechte Pflege organisieren müssen oder eine pflegerische Versorgung in dieser Zeit sicherstellen müssen. Das müssen Sie sich von einem Arzt gegebenenfalls bescheinigen lassen und die Bescheinigung Ihrem Arbeitgeber und ggf. der Pflegekasse des von Ihnen betreuten Angehörigen vorlegen.

Genutzt werden kann diese **10-tägige Freistellung:**

- Bei neu eintretender Pflegebedürftigkeit.
- Wenn der Pflegedienst, den Sie mit der Pflege beauftragt haben, kurzfristig ausfällt und Sie keinen Pflegeersatz finden.

- Wenn die Pflege wegen einer erheblichen Verschlechterung der Situation des Pflegebedürftigen neu organisiert werden muss.
- Wenn schließlich doch der Wechsel des von Ihnen Betreuten in ein Pflegeheim erforderlich wird.

Diese Liste ist nicht abschließend und vermutlich werden sich die **Arbeitsgerichte** (wenn es um die Freistellung geht) bzw. die **Sozialgerichte** (wenn es um das Pflegeunterstützungsgeld der Pflegekasse geht) in den kommenden Jahren mit der Auslegung der nun ausgeweiteten gesetzlichen Regelung auseinandersetzen müssen. Denn klar ist: Da die kleine Pflegezeit nun jährlich in Anspruch genommen werden kann, werden die Anlässe hierfür nun neu verhandelt werden müssen.

2.2.3 So funktioniert die Freistellung

Wenn Sie die (bis zu) 10-tägige Freistellung nutzen möchten, müssen Sie zunächst **unverzüglich Ihrem Arbeitgeber mitteilen,** dass Sie eine kurzzeitige Freistellung nach § 2 Abs. 1 Pflegezeitgesetz nehmen wollen, und dabei klarstellen, wie viele Tage Sie der Arbeit voraussichtlich fernbleiben möchten.

Das kann ähnlich wie bei einer eigenen Krankmeldung gemacht werden: Beispielsweise wird morgens bei Arbeitsbeginn telefonisch mitgeteilt, dass etwa der eigene Vater einen Schlaganfall hatte und dessen Versorgung und Pflege organisiert werden muss. Anschließend sollten Sie hierfür einen schriftlichen Antrag stellen. Das kann formlos geschehen, einfacher ist es allerdings, hierfür ein fertiges Formular zu nutzen.

Ein passendes Formular finden Sie, wenn Sie in der Browserzeile oder in einer Suchmaschine »Antrag auf kurzzeitige Arbeitsverhinderung gemäß § 2 Pflegezeitgesetz« eingeben.

Maximal sind zehn Arbeitstage dafür möglich. Der Arbeitgeber kann eine **ärztliche Bescheinigung** verlangen, dass die Freistellung erforderlich ist, um die Pflege zu organisieren. Das muss er aber nicht unbedingt. Die Bescheinigung wird aber in jedem Fall ohnehin benötigt, um später das sogenannte **Pflegeunterstützungsgeld** zu erhalten.

Bei Ärzten dürfte die bislang noch recht wenig genutzte Möglichkeit der kurzzeitigen Freistellung für die Pflege vielfach unbekannt sein. Hilfreich kann es sein, wenn Sie dem Arzt, bei dem Ihr Angehöriger in Behandlung ist, ein Musterformular zur Unterschrift vorlegen. Dieses finden Sie, wenn Sie in der Browserzeile »Ärztliche Bescheinigung für die kurzzeitige Arbeitsverhinderung« eingeben. In dem Formular bescheinigt der Arzt, dass es erforderlich ist, für den von Ihnen betreuten Angehörigen »in einer akut aufgetretenen Pflegesituation eine bedarfsgerechte Pflege zu organisieren oder eine pflegerische Versorgung in dieser Zeit sicherzustellen«.

2.2.4 Lohnausgleich beantragen

In der Zeit der Freistellung zahlt der Arbeitgeber Ihnen in der Regel keinen Lohn.

Stattdessen haben Sie Anspruch auf eine Lohnersatzleistung. Sie nennt sich Pflegeunterstützungsgeld. Dieses müssen Sie bei der Pflegekasse des gepflegten Angehörigen beantragen oder beim privaten Versicherungsunternehmen, in dem Ihr Angehöriger versichert ist. Wichtig ist also: Ihre eigene Kranken- oder Pflegekasse hat mit dem Pflegeunterstützungsgeld nichts zu tun.

Der **Antrag auf Pflegeunterstützungsgeld** muss **»unverzüglich«** gestellt werden, heißt es im Gesetz. Eine konkrete Zahl für die Tage, die zwischendurch vergehen können, wird aber nicht genannt. Auf jeden Fall ist aber Eile angesagt.

Vor allem sollten Sie nicht abwarten, bis Ihr Arbeitgeber eine Bescheinigung über den ausgefallenen Lohn ausgefüllt hat. Diese kann man später noch der Pflegekasse des Angehörigen nachreichen. Wenn zum Beispiel die zu versorgende Mutter von der Pflegekasse noch nicht als pflegebedürftig anerkannt ist, sollten Sie gleichzeitig einen Antrag auf Leistungen der Pflegeversicherung bei deren Pflegekasse stellen. Dazu gibt es keine Formvorschriften. Es reicht ein einfaches Schreiben mit der Erklärung: »Hiermit werden ab sofort Leistungen der Pflegeversicherung beantragt«. Dazu noch Adresse und die Versicherungsnummer der oder des Pflegebedürftigen, Datum und Unterschrift.

Neben der – auch später noch nachzureichenden – **Bescheinigung über den ausgefallenen Lohn** müssen Sie der Pflegeversicherung ein **ärztliches Attest** über die Pflegebedürftigkeit des oder der Angehörigen einreichen.

! Falls noch keine Pflegebedürftigkeit festgestellt worden ist, reicht es aus, wenn voraussichtlich Pflegebedürftigkeit besteht. Das muss ein Arzt aber in jedem Fall bescheinigen. Darüber hinaus muss der Arzt erklären, dass eine Pflegesituation »akut« aufgetreten ist und dass Sie deshalb dringlich eine bedarfsgerechte Versorgung der Pflegebedürftigen organisieren müssen. Ferner muss der Arzt bescheinigen, wie lange die kurzzeitige Arbeitsverhinderung voraussichtlich dauern wird.

»Die **Kosten der Bescheinigung** gehen zulasten des Antragstellers«, schreibt der **Spitzenverband der gesetzlichen Krankenkassen** (GKV-Spitzenverband). Das heißt: Im Prinzip müssen Sie als Angehöriger hierfür zahlen.

! In der Regel berechnen die Ärzte für solche Bescheinigungen zwischen 5,– € und 10,– €. Sie müssen dafür aber nicht unbedingt etwas verlangen – meist rechnen sie ja auch ohnehin noch Leistungen für die behandelten Pflegebedürftigen ab.

2.2.5 Höhe des Pflegeunterstützungsgeldes

Damit das **Pflegeunterstützungsgeld** berechnet werden kann, muss Ihr Arbeitgeber eine **Entgeltbescheinigung** ausfüllen und Ihnen diese aushändigen. Dort muss unter anderem eingetragen sein, wie hoch das durch die Freistellung ausgefallene Arbeitsentgelt war und ob Sie in den letzten zwölf Monaten beitragspflichtige Einmalzahlungen – wie etwa Weihnachts- oder Urlaubsgeld – erhalten haben. Die Berechnung des Pflegeunterstützungsgeldes erfolgt dann nach der gleichen Methode wie die des Kinder-Krankengeldes und ist recht kompliziert:

- Zunächst gibt es eine **Deckelung auf einen Höchstbetrag.** Diese betrifft gut verdienende Arbeitnehmer. Das Brutto-Pflegeunterstützungsgeld darf 70 % der kalendertäglichen Beitragsbemessungsgrenze in der Pflegeversicherung nicht übersteigen. 2024 gibt es daher maximal 120,75 € brutto pro Tag.
- In den meisten Fällen beträgt das **Pflegeunterstützungsgeld** brutto 100 % des ausgefallenen Netto-Arbeitsentgelts. Diese Berechnungsmethode wird immer dann angewandt, wenn Beschäftigte in den zwölf Vormonaten beitragspflichtige Einmalzahlungen bekommen haben. Auf die Höhe dieser Zahlungen kommt es nicht an. Wenn zum Beispiel auch nur 1,– € Urlaubs- oder Weihnachtsgeld gezahlt wurde, wird das ausgefallene Netto-Arbeitsentgelt zu 100 % ersetzt (allerdings gehen davon dann noch Sozialbeiträge ab).
- In den Fällen, in denen keine beitragspflichtigen Einmalzahlungen gewährt wurden, ersetzt das Brutto-Pflegeunterstützungsgeld nur 90 % des ausgefallenen Nettoarbeitsentgelts.
- Von den oben angegebenen Beträgen gehen stets noch die Beiträge zur gesetzlichen Renten-, Arbeitslosen- und Krankenversicherung ab.

2.3 Pflegezeit von bis zu sechs Monaten

Wenn Sie länger ganz oder teilweise für die Pflege freigestellt werden möchten, kommt die **Betriebsgröße** ins Spiel. So gilt die bis zu 6-monatige Pflegezeit nach dem Pflegezeitgesetz nur für diejenigen, deren Arbeitgeber **mehr als 15 Beschäftigte** hat. Eine Mindestdauer der Vorbeschäftigung ist nicht vorgeschrieben. Auch in der **Probezeit** besteht bereits ein Anspruch auf die Pflegezeit – und ebenso auf den hiermit verbundenen **Kündigungsschutz.** Der Anspruch auf Pflegezeit gilt auch für **befristete Arbeitsverhältnisse.**

Auf den fristgemäßen Ablauf des Arbeitsvertrages hat die Pflegezeit allerdings keinen Einfluss. Ein befristetes Arbeitsverhältnis wird also nicht um die Dauer der Pflegezeit verlängert. Sie haben die Wahl, ob Sie die Pflegezeit als Auszeit oder als Teilzeit nehmen möchten. Beschäftigte »sind von der Arbeitsleistung vollständig oder teilweise freizustellen«, heißt es im Pflegezeitgesetz. Nach der maximal 6-monatigen Pflegezeit besteht Anspruch auf Rückkehr zur vorherigen Arbeitszeit. Diese Rechtsansprüche gelten auch für Beschäftigte, die Angehörige mit dem niedrigen Pflegegrad 1 pflegen.

2.3.1 Ankündigungsfrist für die Pflegezeit

Wenn Sie die Pflegezeit in Anspruch nehmen möchten, müssen Sie dies spätestens **zehn Arbeitstage vor Beginn schriftlich** gegenüber dem Arbeitgeber ankündigen und gleichzeitig erklären, für welchen Zeitraum und in welchem Umfang Sie die Freistellung von der Arbeitsleistung in Anspruch nehmen möchten.

Ein Formular zur Beantragung der Pflegezeit finden Sie, wenn Sie in der Browserzeile »Musterformular Pflegezeit« eingeben.

2.3.2 Kein Einkommensersatz während der Pflegezeit

Anders als etwa in der **Elternzeit,** in der das ausfallende Einkommen eines Elternteils durch die Lohnersatzleistung Elterngeld zumindest teilweise aufgefangen wird, ist für die **Pflegezeit keine Lohnersatzleistung** vorgesehen.

2.3.3 Darlehen möglich

Schon seit Anfang 2015 können pflegende Angehörige mit der Aufnahme eines Darlehens einen teilweisen Einkommensausgleich erhalten.

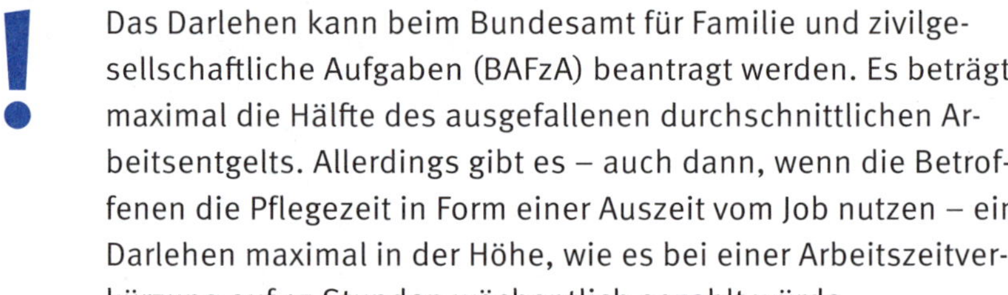

Das Darlehen kann beim Bundesamt für Familie und zivilgesellschaftliche Aufgaben (BAFzA) beantragt werden. Es beträgt maximal die Hälfte des ausgefallenen durchschnittlichen Arbeitsentgelts. Allerdings gibt es – auch dann, wenn die Betroffenen die Pflegezeit in Form einer Auszeit vom Job nutzen – ein Darlehen maximal in der Höhe, wie es bei einer Arbeitszeitverkürzung auf 15 Stunden wöchentlich gezahlt würde.

Das Darlehen muss ab dem Ende der Freistellungsphase bzw. ab Ende der Darlehenszahlungen **ratenweise zurückgezahlt werden.** Eine **Stundung** ist in **Härtefällen** möglich – und zwar unter anderem bei Bezug von

- **Arbeitslosengeld I** oder **Bürgergeld,**
- **Krankengeld,**
- **Leistungen zur Sicherung des Lebensunterhalts** (Hilfe zum Lebensunterhalt) und
- **Grundsicherung** im Alter und bei **Erwerbsminderung.**

Eine Stundung ist auch möglich, wenn Darlehensnehmer sich wegen **unverschuldeter finanzieller Belastungen** vorübergehend in **ernsthaften Zahlungsschwierigkeiten** befinden oder zu erwarten ist, dass sie durch die Rückzahlung des Darlehens in der vorgesehenen Form in solche Schwierigkeiten geraten.

Das Darlehen kann in bestimmten Fällen auch erlöschen. Dies gilt, wenn die Betroffenen nach dem Ende der Pflegezeit mindestens zwei Jahre lang ununterbrochen Bürgergeld, Sozialhilfe oder Grundsicherung im Alter beziehen. Darüber hinaus wird die Darlehensschuld um bis zu 25 % gemindert, wenn die (Teil-)Freistellung vom Job über die Dauer der Pflegezeit oder Familienpflegezeit hinaus andauert.

Die Pflegeversicherung kennt zwar ein »Pflegegeld«. Das erhält jedoch der oder die Pflegebedürftige. In vollem Umfang wird es gezahlt, wenn die Pflege ohne die Einschaltung ambulanter professioneller Dienste organisiert wird. Ihr pflegebedürftiger Angehöriger kann dieses Pflegegeld allerdings als eine Art Anerkennung an Sie als Pflegenden weitergeben. Das ist vom Gesetzgeber ausdrücklich so vorgesehen. Das weitergegebene Pflegegeld ist dabei weder sozialversicherungs- noch steuerpflichtig. Anders als das Elterngeld wird es auch nicht indirekt über den Progressionsvorbehalt bei der Steuer berücksichtigt. Über das Pflegegeld hinausgehendes Entgelt, das pflegende Angehörige erhalten, ist aber steuer- und sozialversicherungspflichtig.

2.3.4 Teilzeitarbeit möglich

Wenn Sie sich für eine Verkürzung Ihrer Arbeitszeit während der Pflegezeit entscheiden, müssen Sie **keine Unter- oder Obergrenze für verlangte Arbeitsstunden** beachten.

In Ausnahmefällen darf der Arbeitgeber allerdings Ihren Arbeitszeitverkürzungs-Wunsch ablehnen. Dafür muss er jedoch »dringende betriebliche Belange« anführen können, die dem Teilzeitwunsch entgegenstehen. Das Pflegezeitgesetz gibt also Arbeitgebern mit mehr als 15 Beschäftigten niemals das Recht, die Pflegezeit generell abzulehnen. »Nein« sagen dürfen sie – in Ausnahmefällen – allenfalls zum Teilzeitwunsch. Beim Anspruch auf Arbeitszeitverkürzung handelt es sich daher hier nur um einen weichen Rechtsanspruch.

»**Nein**« sagen darf der Arbeitgeber zu einem pflegebedingten Teilzeitwunsch nur, wenn er **dringende betriebliche Ablehnungsgründe** anführen kann. Wegweisend ist hier ein Urteil des **Bundesarbeitsgerichts** (BAG) vom 9.5.2006 zur Elternzeit, bei der der Teilzeitanspruch genauso geregelt ist wie bei der Pflegezeit.

Das Argument »Teilzeit passt nicht in das Arbeitszeitmodell unserer Firma« ziehe nicht, befand das BAG in dieser Entscheidung (Az. 9 AZR 278/05). Arbeitgeber könnten von einer jungen Mutter nicht verlangen, dass sie sich »wie jeder andere Arbeitnehmer in ein vorgegebenes Arbeitszeitmodell einfügen müsste«. Außerdem urteilten die obersten Arbeitsrichter: Wenn der Arbeitnehmer »wegen seiner familiären Einbindung auf eine bestimmte Lage seiner Arbeitszeit angewiesen ist, so gebührt seinen Interessen regelmäßig der Vorrang«. Gleiches müsste auch für die Pflegezeit gelten.

Als pflegende Angehörige sollten Sie die Regelungen zum Rentenversicherungsschutz von Pflegepersonen beachten. Nur wenn Sie maximal 30 Stunden in der Woche sozialversicherungspflichtig beschäftigt sind, zahlt die Pflegeversicherung für Sie zusätzliche Beiträge an die Rentenversicherung.

2.3.5 Vorzeitige Beendigung der Pflegezeit möglich

Die **Dauer der Pflegezeit** kann – das liegt in der Natur der Sache – häufig nicht verlässlich vorausgeplant werden. So kann sich der Zustand von Pflegebedürftigen verbessern oder verschlechtern. Nicht selten wird ein Umzug ins Pflegeheim notwendig oder die oder der Angehörige verstirbt. In solchen Fällen »endet die Pflegezeit vier Wochen nach Eintritt der veränderten Umstände«, so heißt es in § 4 Abs. 2 Pflegezeitgesetz.

Weiter steht dort: »Der Arbeitgeber ist über die veränderten Umstände **unverzüglich** zu unterrichten«.

Ein Vetorecht gegen die vorzeitige Rückkehr wird dem Arbeitgeber in diesen Fällen nicht eingeräumt. Wer die Pflegezeit jedoch aus anderen Gründen vorzeitig beenden möchte – etwa, weil festgestellt wurde, dass die Pflege weniger Zeit in Anspruch nimmt als erwartet –, braucht die Zustimmung des Arbeitgebers zur vorzeitigen Rückkehr an den Arbeitsplatz.

2.3.6 Pflegepersonen genießen Kündigungsschutz

Wenn Sie die Pflegezeit oder die zehn Arbeitstage fürs Pflegemanagement in Anspruch nehmen, darf Ihnen in dieser Zeit nicht gekündigt werden. Das gilt auch dann, wenn Sie sich noch in der Probezeit befinden. Arbeitgeber können die vorübergehend freien Stellen allerdings zwischenzeitlich befristet neu besetzen. Nur in besonderen Fällen kann eine Kündigung »ausnahmsweise« durch die für den Arbeitsschutz zuständige oberste Landesbehörde für zulässig erklärt werden.

2.4 Freistellung für bis zu drei Monate für die Sterbebegleitung

Ihre Mutter, Ihr Vater oder ein anderer naher Angehöriger leidet an einer Krankheit, für die es keine Heilungsprognose mehr gibt? Etwa an einer weit fortgeschrittenen Krebserkrankung? Dann haben Sie als Angehöriger einen **Anspruch auf eine Freistellung vom Job für bis zu drei Monate.** So soll Ihnen die Möglichkeit gegeben werden, Ihren Angehörigen in der letzten Lebensphase zu begleiten. Sie können vollständig von der Arbeit freigestellt werden oder für eine Zeit von bis zu drei Monaten ihre Arbeitszeit verkürzen.

Die Begleitung ist auch möglich, wenn Sie den Angehörigen nicht direkt betreuen, sondern nur für ihn da sein möchten und Zeit mit ihm oder ihr verbringen möchten. Der Angehörige kann auch in einem Hospiz oder einer anderen Einrichtung versorgt werden. Die Regelung findet sich in § 3 Pflegezeitgesetz. Dieser Paragraf trägt die

Überschrift »**Pflegezeit und sonstige Freistellungen**«. Absatz 6 regelt die Voraussetzungen für die Freistellung vom Job für die Sterbebegleitung.

Die Freistellung setzt nicht voraus, dass Ihr Angehöriger pflegebedürftig im Sinne des Pflegeversicherungsgesetzes ist. Dies ist häufig auch bei Menschen, die an einer Krankheit leiden, die voraussichtlich binnen Kürze zum Tod führt, nicht der Fall. Voraussetzung für den Freistellungsanspruch ist, dass die Krankheit »progredient verläuft und bereits ein weit fortgeschrittenes Stadium erreicht hat, bei der eine Heilung ausgeschlossen und eine palliativmedizinische Behandlung notwendig ist und die lediglich eine begrenzte Lebenserwartung von Wochen oder wenigen Monaten erwarten lässt«.

Die Freistellung bzw. die Arbeitszeitverkürzung müssen Sie dem **Arbeitgeber gegenüber ankündigen.** Dabei müssen Sie die Voraussetzungen durch ein **ärztliches Attest** nachweisen.

Ein Musterschreiben für die Ankündigung der Freistellung finden Sie, wenn Sie in der Browserzeile »Freistellung für bis zu drei Monate für die Sterbebegleitung« eingeben. Ein Formular, in dem der behandelnde Arzt den voraussichtlichen Krankheitsverlauf bescheinigt, finden Sie, wenn Sie in der Browserzeile oder in einer Suchmaschine »Ärztliche Bescheinigung für die Begleitung in der letzten Lebensphase« eingeben. Beide Formulare sind auf der Pflege-Internetseite des Bundesfamilienministeriums eingestellt (www.wege-zur-pflege.de).

2.4.1 Rechtsanspruch auf Freistellung

Auf die **3-monatige Begleitung in der letzten Lebensphase** haben Sie einen **Rechtsanspruch.** Das bedeutet: Formal gesehen müssen Sie eigentlich keinen Antrag auf Freistellung stellen, sondern Sie müssen dem Arbeitgeber eigentlich nur mitteilen, dass die Voraussetzungen hierfür vorliegen und für welchen Zeitraum Sie den Anspruch genau wahrnehmen möchten. Dies gilt, wenn Ihr Arbeitgeber mehr als 15 Arbeitnehmer beschäftigt.

Anders sieht es aus, wenn Sie nur eine teilweise Freistellung beanspruchen möchten. Hier müssen Sie mit dem Arbeitgeber eine Vereinbarung über die Verringerung und die Verteilung der Arbeitszeit treffen. Falls keine dringenden betrieblichen Gründe dagegensprechen, muss Ihr Arbeitgeber Ihren Wünschen entsprechen.

2.4.2 Parallele Inanspruchnahme möglich

Der **gesetzliche Freistellungsanspruch zur Sterbebegleitung** steht jedem nahen Angehörigen des Sterbenskranken zu. Zwei Geschwister können sich beispielsweise bis zu drei Monate die Begleitung teilen.

2.4.3 Kündigungsschutz besteht

Ab der Ankündigung des Freistellungswunsches und während der Freistellung besteht für den Arbeitnehmer **Kündigungsschutz.**

2.5 Längere Arbeitszeitverkürzung nach dem Familienpflegezeitgesetz

Sechs Monate Pflegezeit reichen in vielen Fällen nicht. Das hat auch der Gesetzgeber erkannt. Deshalb wurde im **Familienpflegezeitgesetz** ein **Rechtsanspruch auf eine Arbeitszeitverkürzung für maximal 24 Monate** (einschließlich der etwaigen Pflegezeit) eingeführt. Die Rest-Arbeitszeit muss dann aber mindestens 15 Stunden pro Woche betragen. Und: Der Anspruch gilt hier nur für Arbeitnehmer, deren Arbeitgeber mehr als 25 Beschäftigte hat (anders als bei der Pflegezeit: hier gilt die Grenze von 15 Beschäftigten).

Auch die **Ankündigungsfrist für die Familienzeit** unterscheidet sich von der Frist für die Pflegezeit: Die Familienpflegezeit muss acht

Wochen vor Beginn gegenüber dem Arbeitgeber angekündigt werden, die Pflegezeit nur zehn Tage vorher.

> **!** Für die Beantragung einer Familienpflegezeit gibt es keine Formvorschrift. Hilfreich ist es dennoch, ein amtlich wirkendes Formular zu nutzen. Dieses finden Sie beispielsweise, wenn Sie in der Browserzeile »Ankündigung von Familienpflegezeit nach dem Familienpflegezeitgesetz« eingeben.

Nach **Ablauf der Familienpflegezeit** leben die alten arbeitsvertraglichen Regelungen wieder auf, es gelten die gleichen Regelungen wie bei der Pflegezeit nach dem Pflegezeitgesetz. Während der Familienpflegezeit besteht ebenfalls ein besonderer Kündigungsschutz.

Der **Nettolohnverlust** in der Zeit der Pflege kann – wie bei der Pflegezeit – durch ein zinsloses, rückzahlbares Darlehen vom Staat teilweise ausgeglichen werden.

Familienpflegezeit und Pflegezeit können zusammen maximal nur 24 Monate dauern, selbst wenn die Angehörigenpflege weiterhin andauert.

> **!** Im Gesetz ist nur eine Maximaldauer der Familienpflegezeit vorgesehen (wobei natürlich zwischen Beschäftigten und Arbeitgeber individuell auch längere Zeiträume vereinbart werden können). Eine Mindestdauer der Familienpflegezeit ist dagegen im Gesetz nicht genannt. Es kann also beispielsweise auch eine Familienpflegezeit von nur einem Monat oder nur zehn Monaten vereinbart werden.

2.6 Was tun bei längeren Pflegezeiten?

Die **Phase der Pflegebedürftigkeit** dauert häufig bis zu acht Jahren, im Durchschnitt selbst unter Zugrundelegung vorsichtiger Annahmen 2,5 bis 3,5 Jahre – also oft deutlich länger als die Familienpflegezeit bzw. die Pflege- und Familienpflegezeit zusammen dauern (24 Monate).

Wenn längere Zeiten für die Pflege von Angehörigen benötigt werden, dann können diese zwischen Beschäftigten und Arbeitgeber auf freiwilliger Basis **individuell** vereinbart werden. Bei solchen Vereinbarungen helfen gegebenenfalls auch die **Betriebsräte.** Ein Recht auf solche individuellen Verlängerungen hat aber niemand. Es gibt auch wenige Betriebsvereinbarungen, in denen zumeist für langjährige Betriebsangehörige Freistellungs- oder Teilzeitregelungen für die Angehörigen-Pflege vereinbart sind, die über die gesetzlichen Möglichkeiten hinausgehen. Dort, wo es sie gibt, wissen die Betriebsräte und Personalabteilungen darüber Bescheid.

Es gibt aber neben dem Pflegezeit- und Familienpflegezeitgesetz auch noch andere Gesetze, die einen mehr oder weniger harten Anspruch auf eine Arbeitszeitverkürzung bieten.

Nach dem Teilzeit- und Befristungsgesetz kann zum Beispiel jeder, der mehr als sechs Monate in einem Unternehmen mit mehr als 15 Arbeitnehmern beschäftigt ist, eine Verkürzung der Arbeitszeit verlangen. Dann müssen die Betroffenen aber auch mit entsprechend weniger Gehalt auskommen.

Wer **Teilzeit arbeiten** will, muss das mindestens drei Monate vorher beantragen. Wenn **betriebliche Gründe** dem Entgegenstehen, darf der Arbeitgeber allerdings »**Nein**« zur beantragten Teilzeit sagen. Doch in vielen Fällen muss er den Wunsch akzeptieren – selbst dann, wenn er zum Ausgleich eine Ersatzkraft einstellen muss und diese tatsächlich auf dem Arbeitsmarkt verfügbar ist. So urteilte das Bundesarbeitsgericht am 14.10.2003 (Az. 9 AZR 636/02). Falls allerdings durch die Einarbeitung der Ersatzkraft »sowie laufende Schulungen unverhältnismäßige zusätzliche Kosten« entstehen, darf der Arbeitgeber den Teilzeitantrag zu Recht ablehnen (BAG, Urteil vom 21.6.2005, Az. 9 AZR 409/02).

2.7 Verbesserte Regelungen zur Pflegezeit- und Familienpflegezeit für Arbeitnehmer aus Kleinbetrieben

In Kriegs- und Corona-Zeiten gehen manche gesetzlichen Neuregelungen regelrecht unter. So auch ein **Gesetz zur besseren Vereinbarkeit von Familie, Pflege und Beruf.** Darin waren neue Regelungen zur Eltern- und Pflegezeit enthalten, die vor allem für Beschäftigte von Kleinbetrieben neue Rechtsansprüche bringen (Bundestagsdrucksache 20/3447).

Bis Ende 2022 galt: **Arbeitnehmer in Kleinbetrieben** hatten keinerlei Anspruch auf eine Freistellung zur Angehörigenpflege. Das hat sich grundsätzlich auch nicht geändert. Neu ist allerdings:

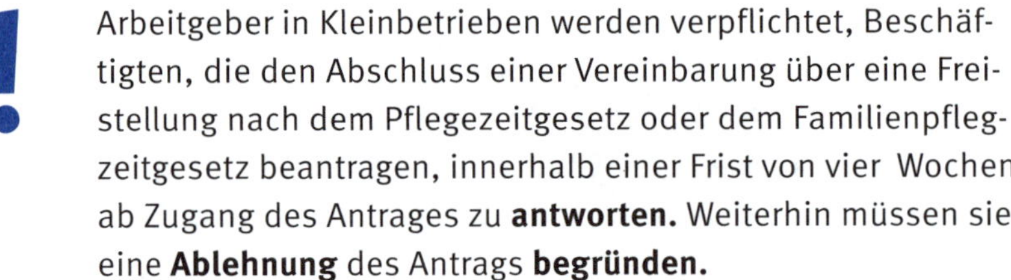

! Arbeitgeber in Kleinbetrieben werden verpflichtet, Beschäftigten, die den Abschluss einer Vereinbarung über eine Freistellung nach dem Pflegezeitgesetz oder dem Familienpflegzeitgesetz beantragen, innerhalb einer Frist von vier Wochen ab Zugang des Antrages zu **antworten.** Weiterhin müssen sie eine **Ablehnung** des Antrags **begründen.**

Letztlich wird damit ein gewisser »**moralischer Druck**« aufgebaut, damit sich Arbeitgeber eher verpflichtet sehen, Beschäftigten entgegenzukommen, die eine Freistellung beantragen.

! Für den Fall, dass eine Einigung über eine Freistellung nach dem Pflegezeit- oder Familienpflegezeitgesetz zustande kommt, gilt nun für die betroffenen Arbeitnehmer ein Kündigungsschutz für die Dauer der Freistellung. Weiterhin gilt, dass sie die vereinbarte Freistellung vorzeitig beenden können, wenn die oder der nahe Angehörige nicht mehr pflegebedürftig oder die häusliche Pflege der oder des nahen Angehörigen unmöglich oder unzumutbar ist.

2.8 Überblick: Kurzzeitige pflegebedingte Arbeitszeitverhinderung, Pflegezeit und Familienpflegezeit

Nach wie vor gibt es das **verwirrende Nebeneinander von kurzzeitiger pflegebedingter Arbeitsverhinderung, Familienpflegezeit und Pflegezeit.** Die Aus- oder Teilzeit-Ansprüche gelten für unterschiedliche Betriebsgrößen und es gelten unterschiedliche Ankündigungsfristen gegenüber dem Arbeitgeber. Um einen besseren Überblick zu bekommen, sind in der **folgenden Übersicht** die wichtigsten Bestimmungen zu den drei Instrumenten noch einmal zusammengefasst.

Übersicht: Die gesetzlichen Instrumente zur Vereinbarkeit von Beruf und Pflege von Angehörigen

	Kurzzeitige pflegebedingte Arbeitsverhinderung	**Pflegezeit (nach dem Pflegezeitgesetz)**	**Familienpflegezeit (nach dem Familienpflegezeitgesetz)**
Ankündigungsfrist	Keine	10 Arbeitstage	8 Wochen
Gilt für welche Betriebe?	alle Unternehmen	Arbeitgeber mit mehr als 15 Beschäftigten	Arbeitgeber mit mehr als 25 Beschäftigten (Auszubildende zählen dabei nicht mit)
Gilt für welche Arbeitnehmer?	alle Arbeitnehmer, auch befristet Beschäftigte und Minijobber		
Gilt für welche Angehörigen?	Ehegatten, Lebenspartner, Partner einer eheähnlichen Gemeinschaft, Großeltern, Eltern, Geschwister, Kinder, Adoptiv- und Pflegekinder, Enkelkinder sowie Schwiegereltern, Schwiegerkinder, Stiefeltern, Ehegatten der Geschwister und Geschwister der Ehegatten, Lebenspartner der Geschwister und Geschwister der Partner, homosexuelle Partner, auch wenn keine eingetragene Lebenspartnerschaft besteht		
Gilt für welche Grade von Pflegebedürftigkeit?	»voraussichtliche Pflegebedürftigkeit (nach ärztlicher Bescheinigung)«	ab Pflegegrad 1	

	Kurzzeitige pflegebedingte Arbeitsverhinderung	**Pflegezeit (nach dem Pflegezeitgesetz)**	**Familienpflegezeit (nach dem Familienpflegezeitgesetz)**
Dauer	bis zu 10 Arbeitstagen	bis zu 6 Monaten	bis zu 24 Monaten (einschließlich der Pflegezeit)
Arbeitszeit	Auszeit vom Job	wahlweise Auszeit oder Teilzeit	nur Teilzeit mit mindestens 15 Wochenarbeitsstunden
Finanzieller Ausgleich	ja, Pflegeunterstützungsgeld	rückzahlbares zinsloses Darlehen, durch das die Einkommensminderung teilweise ausgeglichen wird	
Kündigungsschutz	ja, von der Ankündigung bis zur Beendigung der Arbeitsverhinderung	ja, von der Ankündigung bis zur Beendigung der Pflegezeit	ja, von der Ankündigung bis zur Beendigung der Familienpflegezeit

3 Soziale Absicherung bei der ehrenamtlichen Pflege

Wenn Sie einen Pflegebedürftigen betreuen, sind Sie möglicherweise anderweitig sozial abgesichert – ganz unabhängig von Ihrer ehrenamtlichen Pflegetätigkeit. Der einzige Bereich, in dem sich für **alle** Pflegepersonen ein natürlicher Versicherungsbedarf und auch natürliche Versicherungsansprüche aus der Pflegetätigkeit selbst ergeben, ist die **gesetzliche Unfallversicherung.** Diese findet allerdings gemeinhin die wenigste Beachtung. Unter deren Schutz stehen jedoch Pflegende in ihrer **ehrenamtlichen Tätigkeit.** Hiervon profitieren im Falle eines Unfalls bei der Pflege – und hierzu kommt es nicht ganz selten – **alle Pflegenden.**

Unterschiedlich sieht es in den **anderen Sozialversicherungen** aus: So sind Sie als Arbeitnehmer, der »nebenher pflegt«, in der Regel ohnehin über Ihren Status als Arbeitnehmer in allen Sozialversicherungen pflichtversichert. Probleme können sich allerdings ergeben, wenn Sie die Beschäftigung um der Pflege willen aufgeben oder Ihre Arbeitszeit reduzieren. Für diese Situationen hat der Gesetzgeber Regelungen eingeführt, um Versicherungslücken zu schließen und gegebenenfalls Härten abzumildern.

Davon abweichend stellt sich die Situation für **pflegende Altersrentner** dar. Diese sind über ihren Rentenbezug kranken- und pflegeversichert. In diesem Bereich kann es für sie keine Probleme bei der Pflege geben. Die **Arbeitslosenversicherung** spielt für sie ohnehin keine Rolle mehr, da die Versicherungspflicht in dieser Sozialversicherung generell mit dem Erreichen des regulären Rentenalters endet.

Etwas anders sieht es für sie in der **Rentenversicherung** aus. Ohnehin gilt: Auch wer bereits das reguläre Rentenalter erreicht hat, kann seine **Altersrente** durch eine **sozialversicherungspflichtige Beschäftigung** weiterhin **steigern.** Durch eine vom Gesetzgeber nicht gewollte Gesetzeslücke ist dies nun auch für pflegende Rentner jenseits des regulären Rentenalters möglich. Diese müssen hierfür allerdings aus ihrer vollen Altersrente eine **99,99-Prozent-Teilrente** machen.

Im Folgenden erhalten Sie einen **Überblick über die Regelungen in den einzelnen Sozialversicherungen.** Sie werden sehen: Es handelt sich nicht um Regelungen »aus einem Guss«, sondern um einen bunten Flickenteppich. Übergreifend gilt jedoch: Wo ein Schutz oder Ansprüche geschaffen wurde, gilt dieser für **alle Pflegepersonen,** und nicht nur für pflegende Angehörige. Der Schutz gilt auch für diejenigen, die keinen nahen Angehörigen, sondern andere Personen pflegen, etwa einen Nachbarn oder einen Bekannten – soweit die im Folgenden skizzierten Voraussetzungen erfüllt sind.

3.1 Gesetzliche Rentenversicherung

Vielfach ist die **Pflegetätigkeit** mit dem **Verzicht auf eigene Berufstätigkeit** oder mit **niedrigen Arbeitseinkünften** verbunden. Ohne einen sozialversicherungsrechtlichen Ausgleich für die Pflege von Angehörigen oder Bekannten würden bei längerer Betreuung erhebliche **Rentenlücken** entstehen. Deshalb zahlt die Pflegekasse unter bestimmten Voraussetzungen für Pflegepersonen Rentenversicherungsbeiträge, die deren spätere Altersrente steigern.

Dies gilt allerdings nicht, wenn Sie Menschen mit dem niedrigsten Pflegegrad 1 betreuen. Bei Pflegegrad 1 geht der Gesetzgeber davon aus, dass die notwendige Betreuung nicht so viel Zeit in Anspruch nimmt und kein »Nachteilsausgleich« erforderlich ist.

Häufig pflegen Senioren ihren Ehepartner oder ein hochbetagtes Elternteil. Wenn das bei Ihnen der Fall ist, können Sie ebenfalls durch Ihre Pflegetätigkeit noch Rentenansprüche erwerben. Das gilt allerdings nicht, wenn Sie das reguläre Rentenalter, das schrittweise auf 67 Jahre ansteigt, bereits erreicht haben, und die **volle Altersrente** erhalten. Das Rentengesetz regelt nämlich: Versicherungsfrei ist, wer »nach Ablauf des Monats, in dem die Regelaltersgrenze erreicht wurde, eine Vollrente wegen Alters« bezieht.

Diese Regelung können Sie allerdings mit einem minimalen Rentenverzicht aushebeln. »Mit der Wahl einer Teilrente von bis zu 99,99 % können Pflegende erwirken, dass die Pflegekasse, auch nachdem die Regelaltersgrenze erreicht wurde, weiterhin Beiträge zur Rentenversicherung zahlt«, erklärt die Deutsche Rentenversicherung.

Möglicherweise haben Sie den Begriff »**Teilrente**« noch gar nicht gehört und es ist ja eigentlich selbstverständlich, dass eine Rente »voll«, also als **Vollrente,** bezogen wird.

Alle Renten, auch die reguläre Altersrente, können wahlweise auch als Teilrente bezogen werden. Nach der Anfang 2023 geänderten Rechtsauslegung der Deutschen Rentenversicherung werden Vollrentner schon dann zum Teilrentner, wenn sie auf nur 0,01 % der Rente verzichten. Bis dahin forderte die Versicherung einen Verzicht auf mindestens 1 %. Der Wandel der Rechtsposition geht auf ein Urteil des Landessozialgerichts München zurück, das eine 79-jährige Rentnerin erstritten hatte.

Bei einer Bruttorente von 1.200,– € monatlich muss eine pflegende Rentnerin eine Rentenkürzung um ganze 12 Cent hinnehmen. Das geht durch ein formloses Schreiben an die Rentenversicherung. 12 Cent im Monat, das macht 1,44 € im Jahr. Der minimale Verlust ist nur temporär. Nach dem Ende der Pflegezeit kann die Rente wieder »hochgefahren« werden. So weit die Rechnung zum Rentenverzicht. Dem steht ein deutliches Rentenplus ab dem Juli des Folgejahres gegenüber. Wer beispielsweise einen Angehörigen mit Pflegegrad 3 ohne Beteiligung eines Pflegedienstes 2022 das ganze Jahr über gepflegt hat, erhöht seine Monatsrente seit Juli 2023 um 15,27 €. Auf das Jahr bezogen ist das ein Rentenplus von 183,24 €. In den neuen Ländern sind es derzeit noch 72 Cent weniger.

3.2 Generelle Voraussetzungen für die Versicherungspflicht der ehrenamtlichen Pflegetätigkeit

Hinsichtlich der **Rentenversicherungsansprüche** spielt es keine Rolle, ob Sie vor der Zeit der Pflege sozialversicherungspflichtig beschäftigt waren. Bei der Rentenversicherung werden die Pflegezeiten – ähnlich wie die Kindererziehungszeiten – auch dann berücksichtigt, wenn eine pflegende Person bislang überhaupt nicht rentenversichert war. Im Extremfall können deshalb Pflegende allein aufgrund von längeren Pflegezeiten einen Anspruch auf eine gesetzliche Altersrente erwerben.

Die **Prüfung,** ob und in welcher Höhe die **Pflegekasse Rentenversicherungsbeiträge für Sie zahlt,** erfolgt **in zwei Schritten:**

- Zunächst wird geprüft, ob für Sie nach den gesetzlichen Regeln überhaupt Rentenversicherungsbeiträge zu zahlen sind, ob Sie also überhaupt als rentenversicherungspflichtig gelten. »**Versicherungspflicht**« bedeutet in diesem Fall allerdings nicht, dass Sie eigene Beiträge zahlen müssen. Beiträge zahlt allein die Pflegekasse. Pflegepersonen müssen auch keine Beiträge nachzahlen, wenn sie zwar eigentlich versicherungspflichtig sind, die zuständige Pflegekasse aber zunächst gar nichts davon erfahren hat. Unter Umständen muss die Pflegekasse in einem solchen Fall Beiträge nachzahlen, sobald ihr die Information über die Versicherungspflicht der Pflegeperson vorliegt.
- Wenn festgestellt wurde, dass für Sie die Versicherungspflicht in der Rentenversicherung besteht, wird in einem zweiten Schritt die **Höhe der Rentenversicherungsbeiträge** ermittelt. Zuständig ist jeweils die Pflegekasse des oder der Pflegebedürftigen. Dort muss die Pflegetätigkeit auch gemeldet werden. Nachdem die Meldung erfolgt ist, schickt die Kasse Ihnen einen »Fragebogen zur Zahlung der Beiträge zur sozialen Sicherung für nicht erwerbsmäßig tätige Pflegepersonen« zu. Die Pflegekasse benötigt Ihre Angaben, damit sie gegebenenfalls die Beitragszahlung an die Rentenversicherung aufnehmen kann.

Wenn Sie es versäumen, sich bei der Pflegekasse des oder der Pflegebedürftigen zu melden, verschenken Sie unter Umständen Ansprüche gegenüber der Sozialversicherung.

3.2.1 Schritt 1: Prüfung der Beitragspflicht

Als **rentenversicherungspflichtig** gelten Sie, wenn Sie einen Pflegebedürftigen ab Pflegegrad 2 betreuen und alle der vier folgenden Voraussetzungen erfüllen:

Mindestens zehn Stunden Pflege pro Woche, verteilt auf mindestens zwei Wochentage

Die Zeit der Pflege in häuslicher Umgebung muss **wöchentlich zehn oder mehr Stunden** in Anspruch nehmen und an **mindestens zwei Tagen in der Woche** stattfinden. Sonst werden durch die Pflege keine Ansprüche an die Rentenversicherung erworben.

Auch die Zeit der sozialen Betreuung und Begleitung der Pflegebedürftigen zählt mit. Die 10-Stunden-Voraussetzung kann auch erfüllt werden, wenn Sie mehrere pflegebedürftige Angehörige jeweils für kürzere Zeit betreuen.

Pflegetätigkeit auf Dauer

Die Pflegetätigkeit darf nicht nur vorübergehend, sondern muss **auf Dauer** – für mehr als zwei Monate in einem Kalenderjahr – und regelmäßig ausgeübt werden. Das kann zum Beispiel für Geschwister wichtig sein, die sich die Pflege ihrer Eltern teilen. Für die Anerkennung der Pflegezeit bei der Rente ist entscheidend, wie das Teilungsmodell aussieht.

Zwei Schwestern teilen sich die Pflege ihres Vaters. Wenn jede von ihnen über einen längeren zeitlichen Block (etwa über ein Vierteljahr) den Vater pflegt, sind beide für die jeweilige Pflegezeit gesetzlich rentenversichert. Anders sieht es aus, wenn eine der Schwestern nur eineinhalb Monate im Jahr lang pflegt.

Dann hat sie keinen Rentenanspruch. Falls eine Schwester nur vormittags und die andere nur nachmittags den Vater betreut und beide dabei nicht auf die verlangte wöchentliche Mindestpflegezeit von zehn Stunden kommen, besteht für keine von beiden ein Anspruch auf die Zahlung von Rentenversicherungsbeiträgen.

Keine erwerbsmäßige Pflege

Ausgeschlossen von der Versicherungspflicht bei der häuslichen Pflege sind diejenigen, die die **Pflegetätigkeit erwerbsmäßig ausüben.** Sie sind gegebenenfalls über ihren Arbeitgeber abgesichert. Um nicht als erwerbstätige Pflegepersonen zu gelten, dürfen die Betreuenden als Entgelt für ihre Pflege nur das von der Kasse gezahlte Pflegegeld erhalten. Zusätzlich zu diesen Beträgen dürfen nur noch notwendige Fahrtkosten erstattet werden.

Wie das Vorliegen der Voraussetzungen geprüft wird

Ob die genannten Voraussetzungen erfüllt sind, wird mit einem **standardisierten Fragebogen** erhoben, der in kleinen Abwandlungen von allen Pflegekassen eingesetzt wird.

Er umfasst vor allem folgende Fragen:

- Seit wann üben Sie die Pflege aus?
- In welchem (Verwandtschafts-)Verhältnis stehen Sie zur gepflegten Person?
- In welcher Höhe erhalten Sie für die Pflege Arbeitsentgelt?
- Wie viele Stunden sind Sie daneben wöchentlich erwerbstätig?

Anhand der Antworten wird geklärt, ob Sie versicherungspflichtig sind und die Pflegekasse des oder der Pflegebedürftigen deshalb für Sie Rentenversicherungsbeiträge zahlen muss.

Ob und in welchem Maße Angehörige einen Pflegebedürftigen betreuen, wird erhoben, wenn die Begutachtung in der Wohnung des oder der Pflegebedürftigen erfolgt. Daher ist dieser

Besuch des Gutachters nicht nur für die Pflegebedürftigen, sondern auch für ihre Angehörigen außerordentlich wichtig. Umso entscheidender ist es, sich auf den Besuch des Medizinischen Dienstes oder der MEDICPROOF GmbH gut vorzubereiten.

3.2.2 Schritt 2: Höhe der Rentenversicherungsansprüche

Wenn feststeht, dass Sie rentenversicherungspflichtig sind, geht es in einem zweiten Schritt darum, die **Höhe der fälligen Rentenversicherungsbeiträge** und damit die Höhe Ihrer späteren Rentenansprüche zu ermitteln.

Dafür kommt es nicht darauf an, wie viele Stunden Sie wöchentlich pflegen. Der **zeitliche Umfang der Pflege** spielt nur bei der **Prüfung der Versicherungspflicht** eine Rolle. Entscheidend ist vielmehr,

- in welchen Pflegegrad der oder die Gepflegte eingestuft ist,
- ob die Pflegekasse das volle Pflegegeld oder –
- alternativ dazu – den vollen Etat für Pflegesachleistungen zahlt, oder
- ob eine Kombination von Pflegegeld und Pflegesachleistungen (Kombinationsleistung) erfolgt.

Darüber hinaus gibt es aktuell noch geringe Unterschiede zwischen den alten und neuen Bundesländern, die allerdings spätestens Ende 2024 auslaufen werden.

Besonders hoch sind Ihre Rentenansprüche, wenn Sie **die Pflege komplett selbst übernehmen – ohne Einschaltung eines Pflegedienstes.** Dann bringt beim höchsten Pflegegrad 5 ein Jahr Pflege in den alten Bundesländern eine rund 35,16 € höhere Rente. Der Wert gilt – wie alle Werte in unten stehender Tabelle – für die alten Bundesländer. In Ostdeutschland sind es derzeit noch jeweils einige Cent weniger. Spätestens 2025 haben sich aber die Unterschiede zwischen Ost und West angeglichen. Dann gilt ein weitgehend einheitliches Rentenrecht in Deutschland.

Mindestens bringt ein Jahr Pflege 8,07 € mehr Monatsrente. Dies gilt bei Pflegegrad 2, wenn zusätzlich ein professioneller Dienst hilft. Diese Euro-Werte nennen wir hier im Prinzip nur, um zu verdeutlichen, in welcher Höhe in etwa Rentenansprüche erworben werden. Tatsächlich erwerben Sie keine Rentenansprüche in Euro und Cent, sondern **Entgeltpunkte.** Und diese haben von Jahr zu Jahr zumindest nominell einen höheren Wert. 2030 können zum Beispiel die 35,16 €, die die Pflege bei Pflegegrad 5 derzeit monatlich bringen kann, 50,– € oder mehr wert sein.

Für Rentenbezieher wird das durch die Pflege erworbene Rentenplus ab dem Juli des Folgejahres wirksam. Wenn Sie als Rentner beispielsweise 2023 das ganze Jahr über einen Pflegebedürftigen mit Pflegegrad 3 betreut haben, erhalten Sie ab Juli 2024 eine um 15,27 € höhere Rente. Hinzu kommt noch die turnusgemäße Rentenerhöhung. Dieser Wert gilt für die alten Bundesländer. In den neuen Ländern sind es derzeit noch 6 Cent weniger. Zudem gilt er, wenn die Pflege ohne Einschaltung eines professionellen Dienstes erfolgte.

Rentenwert für ein Jahr Pflege für die monatliche Rente bei einer Pflege im Jahr 2024 (Werte gelten bis Ende Juni 2024, alte Bundesländer)*)

bei ausschließlich Pflegegeld für die gepflegte Person	
Pflegegrad 2	9,49 €
Pflegegrad 3	15,12 €
Pflegegrad 4	24,62 €
Pflegegrad 5	35,16 €
bei voller Nutzung eines Pflegedienstes (ohne Pflegegeld)	
Pflegegrad 2	6,65 €
Pflegegrad 3	10,58 €
Pflegegrad 4	17,23 €
Pflegegrad 5	24,62 €
bei Kombination von Pflegegeld und Pflegedienst für die gepflegte Person	
Pflegegrad 2	8,07 €
Pflegegrad 3	12,85 €
Pflegegrad 4	20,92 €
Pflegegrad 5	29,89 €

*) Die Werte für die neuen Bundesländer unterscheiden sich nur geringfügig. Ab 2025 wird es bei der Rentenhöhe keinen Unterschied mehr zwischen Ost und West geben

Zu den Werten, die in dieser Tabelle ausgewiesen sind, müssen Sie als Altersrentner noch **Zuschläge** hinzurechnen. Der Hintergrund: Wenn Sie Rentenansprüche erst nach Ihrem regulären Rentenalter beanspruchen, beziehen Sie diesen Teil der Rente naturgemäß – statistisch gesehen – auch kürzer. Das gleicht die Deutsche Rentenversicherung mit einem Zuschlag aus. Der Zuschlag beträgt 0,5 Prozentpunkte pro Monat der Inanspruchnahme, die erst nach Erreichen des regulären Rentenalters erfolgt.

Ein 75-jähriger Rentner aus München hat seine Frau 2022 das komplette Jahr gepflegt (Pflegegrad 2, ohne Pflegedienst). Dafür hat er ab Juli 2023 einen zusätzlichen Rentenanspruch von zunächst einmal 15,27 € erworben. Sein reguläres Rentenalter hatte er im Juni 2013 erreicht. Seitdem sind – bis Juni 2023 – zehn Jahre oder 120 Monate vergangen. Deshalb gibt es auf die 15,27 € noch einen Zuschlag von (120 Monate × 5 % =) 60 %. Seine Rente, die zum 1.7.2023 ohnehin um 4,39 % erhöht wurde, steigt somit nochmals um (15,27 € + 60 % =) 24,43 €. Auf ein komplettes Jahr bezogen sind das 293,16 €.

Falls Sie rentenversicherungspflichtig sind, muss die Pflegekasse des oder der Pflegebedürftigen Sie darüber unterrichten, dass sie die Beitragszahlung aufgenommen hat. Dabei wird der **Beginn der Beitragszahlung** und die **Höhe der Beiträge** mitgeteilt. Die **Rentenversicherungspflicht** beginnt in der Regel mit dem Tag, an dem die betreuten Pflegebedürftigen Leistungen aus der Pflegeversicherung beantragen.

Wenn die Pflegetätigkeit erst nach der Antragstellung aufgenommen wird, beginnt auch die Rentenversicherungspflicht erst später – und zwar mit dem ersten Pflegetag. Falls die Kasse Sie nicht für rentenversicherungspflichtig hält, muss sie Ihnen das ebenfalls mitteilen.

3.3 Schritt-für-Schritt-Anleitung: So kommen Sie als pflegender Rentner zu höheren Rentenbezügen

Wenn Sie nach **Erreichen des Regelrentenalters** durch eine **ehrenamtliche Pflegetätigkeit neue Rentenansprüche** erwerben wollen, muss Ihre Vollrente in eine **Teilrente umgewandelt werden.** Es reicht, auf 0,01 % der Rente zu verzichten.

Da diese Möglichkeit zum Teil in Beratungsstellen und bei den Kranken- bzw. Pflegekassen noch nicht so bekannt ist, hilft es, auf eine »offizielle Quelle« hinzuweisen. Wenn Sie Zugang zum Internet haben, geben Sie in die Browserzeile »99,99 %« und »Deutsche Rentenversicherung« ein. Wenn Sie den Link, der sich nun öffnet, anklicken, kommen Sie auf eine offizielle Presseveröffentlichung der Deutschen Rentenversicherung zum Thema »Pflege und Teilrente«.

Im Einzelnen können Sie in folgenden Schritten vorgehen:

3.3.1 Schritt 1: Teilrente beantragen

Beantragen Sie bei der **Deutschen Rentenversicherung** unter Angabe von Versicherungsnummer, Name, Adresse und Geburtsdatum die sofortige Umwandlung Ihrer Vollrente in eine **99,99-Prozent-Teilrente.** Ein Formular hierfür gibt es nicht. Die Antragstellung ist formlos möglich. Sicherheitshalber können Sie den Antrag per Einwurf-Einschreiben abschicken.

Oft reagiert die Rentenversicherung hierauf schnell, manchmal dauert es aber auch einige Wochen. Auf jeden Fall gilt: **Ab dem Monat nach Ihrer Antragstellung** erhalten Sie eine um 0,01 % niedrigere Rente. Gegebenenfalls erfolgt – wenn die Bearbeitung länger dauert – die Umstellung auf eine 99,99-Prozent-Rente rückwirkend. Dann wird Ihnen zunächst weiter die volle Rente gezahlt. Später wird der zu viel überwiesene Betrag einbehalten.

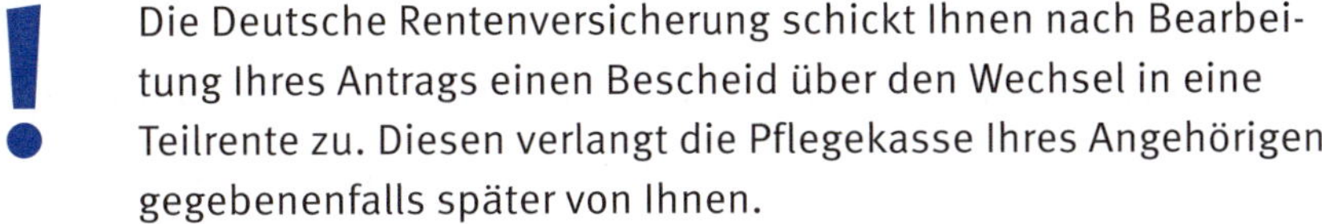

Die Deutsche Rentenversicherung schickt Ihnen nach Bearbeitung Ihres Antrags einen Bescheid über den Wechsel in eine Teilrente zu. Diesen verlangt die Pflegekasse Ihres Angehörigen gegebenenfalls später von Ihnen.

3.3.2 Schritt 2: Fragebogen besorgen und der Pflegekasse zuschicken

Lassen Sie sich von der Pflegeversicherung des von Ihnen Gepflegten (also etwa Ihres Ehepartners/Angehörigen/Bekannten) den »**Fragebogen zur Zahlung der Beiträge zur sozialen Sicherung für nicht erwerbsmäßig tätige Pflegepersonen**« zuschicken. Je nach Kasse heißt der Fragebogen auch geringfügig anders. Füllen Sie diesen aus und schicken Sie ihn der Pflegekasse zu.

Die für Rentner, die das reguläre Rentenalter erreicht haben, **entscheidende Frage** lautet (mit geringen Abweichungen zwischen den Kassen): »Beziehen Sie eine Vollrente wegen Alters oder eine vergleichbare Leistung nach Erreichen einer Altersgrenze?« Hier gibt es bei manchen Kassen nur die Antwortmöglichkeiten »Ja« oder »Nein«.

Falls Sie derzeit noch eine Vollrente beziehen und gerade eine 99,99-Prozent-Teilrente beantragt haben, können Sie hier handschriftlich eintragen: »In diesem Monat noch Vollrente, ab kommendem Monat nur noch eine Teilrente«. Dazu sollten Sie Ihrem Schreiben an die Pflegekasse als Anlage zum Fragebogen auch eine Kopie Ihres Antrags auf Wechsel in eine 99,99-Prozent-Teilrente beilegen, den Sie an die Deutsche Rentenversicherung geschickt haben. Was die Teilrenten-Möglichkeit betrifft, sind die Krankenkassen-Fragebögen unterschiedlich. Teilweise wird ausdrücklich gefragt, ob eine Teilrente bezogen wird, teilweise wird nach einer 99-Prozent-Teilrente gefragt.

Einige **Hinweise zum Ausfüllen:**

- Geben Sie in jedem Fall Ihre **Rentenversicherungsnummer** an.
- In manchen Fragebögen wird nochmals abgefragt, in welchem Umfang Sie Ihren Angehörigen pflegen. Grundvoraussetzung ist, dass Sie dies an mindestens zwei Tagen in der Woche und insgesamt mindestens zehn Stunden lang übernehmen. Dass diese Voraussetzungen vorliegen, hat wahrscheinlich bereits der Gutachter des **Medizinischen Dienstes** bzw. von **Medicproof** festgestellt. Auch wenn es gegebenenfalls unnötig ist, sollten Sie die abgefragten Informationen nochmals geben.

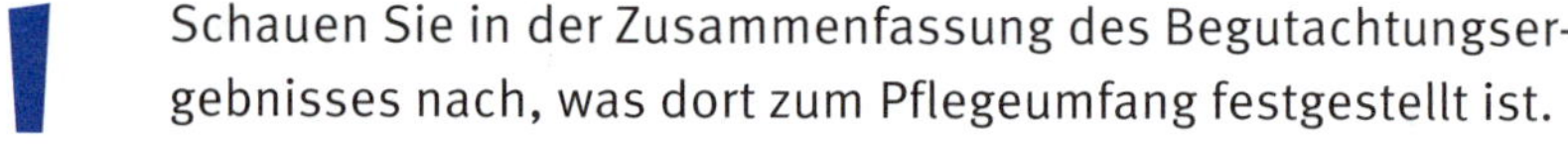
Schauen Sie in der Zusammenfassung des Begutachtungsergebnisses nach, was dort zum Pflegeumfang festgestellt ist. Gegebenenfalls können Sie im Fragebogen der Pflegekasse Korrekturen anbringen.

3.3.3 Schritt 3: Schreiben der Pflegekasse abwarten

Möglicherweise wird die Pflegekasse nun sofort die Beitragszahlung an die Deutsche Rentenversicherung aufnehmen. Wahrscheinlicher ist aber, dass Sie einen **Zwischenbescheid** erhalten, mit dem Sie aufgefordert werden, den Bescheid der Deutschen Rentenversicherung über den Wechsel in eine Teilrente vorzulegen, und dass erst danach eine Entscheidung getroffen wird, dass Sie als Pflegeperson rentenversicherungspflichtig sind.

3.3.4 Schritt 4: Entscheidung der Pflegekasse abwarten

Wenn Ihre Angelegenheit von der Pflegeversicherung bearbeitet ist, muss diese sich in jedem Fall bei Ihnen melden. Das bestimmt § 44 Abs. 4 SGB XI. Wahrscheinlich ist es eine **Mitteilung über die Aufnahme der Beitragszahlung.**

Dann muss die Pflegekasse der Rentenversicherung unter anderem

- den Beginn Ihrer Pflegetätigkeit,

- den Pflegegrad des Pflegebedürftigen und
- das (fiktive) beitragspflichtige Einkommen mitteilen, das der Berechnung der Beiträge zugrunde liegt.

Der Inhalt dieser Meldung muss auch schriftlich an Sie gehen.

Es kann aber auch sein, dass die Pflegekasse findet, dass Sie **nicht als versicherungspflichtige Pflegeperson anzusehen sind.** Auch in diesem Fall muss die Pflegekasse Ihnen dies mitteilen. Sie können dann noch einmal darlegen, warum Sie meinen, dass Sie versicherungspflichtig sind. Oder Sie teilen der Pflegekasse einfach nur mit, dass Sie anderer Meinung sind.

In diesem Fall der »Uneinigkeit« geht die Sache zur Entscheidung an die Deutsche Rentenversicherung. Diese erlässt dann einen **schriftlichen rechtsmittelfähigen Bescheid.**

Wenn Sie mit dem Bescheid nicht einverstanden sind, können Sie hiergegen Widerspruch und – gegebenenfalls – Klage beim Sozialgericht einlegen.

3.3.5 Wenn Sie bereits eine 99-Prozent-Teilrente erhalten

Manche pflegender Rentner sind in den letzten Jahren bereits in eine 99-Prozent-Teilrente gewechselt, um sich so über die Angehörigenpflege ein Rentenplus zu sichern. Damit verzichten die Teilrentner auf 1 % ihrer Rente, bei einer Bruttorente von 1.500,– € auf 15,– €. Das ist mittlerweile unnötig.

Beantragen Sie bei der Deutschen Rentenversicherung umgehend den Wechsel in eine 99,99-Prozent-Teilrente. Dafür gibt es kein Formblatt. Den Antrag können Sie – unter Angabe Ihrer Rentenversicherungsnummer, Geburtsdatum und Adresse – formlos stellen. Ab dem Folgemonat muss dann Ihre Teilrente umgestellt werden. Im Beispielfall würden dann nur noch 15 Cent von Ihrer Rente einbehalten.

3.3.6 Achtung bei der Betriebsrente

Wenn Sie eine Teilrente wählen, sollten Sie Ihre **Betriebsrente** (falls vorhanden) im Blick haben. Der Teilrentenbezug kann nämlich Folgen für die betriebliche Altersversorgung haben.

Holen Sie vorab beim Ex-Arbeitgeber bzw. Versorgungsträger eine Rechtsauskunft ein.

3.4 Die Arbeitslosenversicherung

In der Arbeitslosenversicherung besteht für pflegende Angehörige unter bestimmten Bedingungen ebenfalls ein Versicherungsschutz. Deshalb haben Sie nach dem Ende der ehrenamtlichen Pflegezeit häufig einen **Anspruch auf Arbeitslosengeld.** Zudem gibt es **Nachteilsausgleiche,** die dafür sorgen, dass Arbeitnehmer, die pflegebedingt ihre Arbeitszeit verkürzt haben und nach der Zeit der Pflege arbeitslos werden, nicht dadurch benachteiligt werden, dass das niedrigere Teilzeitentgelt bei der Berechnung des Arbeitslosengeldes zugrunde gelegt wird.

Die **Voraussetzungen für die Arbeitslosenversicherungspflicht** finden sich in § 26 Abs. 2b Sozialgesetzbuch (SGB) III. Danach sind Sie als **Pflegepersonen in der Arbeitslosenversicherung versichert,** wenn Sie alle **folgenden vier Bedingungen erfüllen:**

- Sie müssen mindestens zehn Stunden in der Woche – verteilt über mindestens zwei Tage – eine pflegebedürftige Person in der häuslichen Umgebung pflegen.
- Die Gepflegten müssen mindestens in Pflegegrad 2 eingestuft sein.
- Die Pflege darf nicht erwerbsmäßig betrieben werden.
- Unmittelbar vor dem Beginn Ihrer Pflegetätigkeit müssen Sie unter dem Schutz der Arbeitslosenversicherung gestanden haben.

Die entscheidende letzte Bedingung ist erfüllt, wenn Sie vor dem Beginn der Pflege entweder in einem **arbeitslosenversicherungspflichtigen Beschäftigungsverhältnis** gestanden oder Versicherungsleistungen von der Bundesagentur für Arbeit – insbesondere also **Arbeitslosengeld** (ALG) – bezogen haben.

Sie müssen keine Pflegezeit im Sinne des Pflegezeit- oder Familienpflegezeitgesetzes genommen haben. Das ist für Arbeitnehmer aus kleineren Unternehmen wichtig, deren Arbeitgeber weniger als 16 Beschäftigte haben. Denn sie haben gar keinen Rechtsanspruch auf eine »offizielle« Pflegezeit.

Falls Sie mit Ihrem Arbeitgeber dennoch – auf freiwilliger Grundlage – eine **Auszeit für die Angehörigenpflege** vereinbaren, müssen für Sie trotzdem Beiträge zur Arbeitslosenversicherung gezahlt werden und Sie stehen während der Zeit der Pflege unter dem Schutz der Arbeitslosenversicherung – soweit auch die anderen oben genannten Bedingungen erfüllt sind.

Wer allerdings unmittelbar vor Beginn der Pflege von Angehörigen, Bekannten oder Freunden **nicht in der Arbeitslosenversicherung versichert** war oder keine Versicherungsleistungen der Arbeitsagentur bezogen hat, wird auch durch die Pflege nicht in die Arbeitslosenversicherung einbezogen. Insofern sind die Regelungen hier schlechter als in der Rentenversicherung, wo allein durch die Pflege Ansprüche erworben werden können.

Der Versicherungsschutz in der Arbeitslosenversicherung kann Gold wert sein, wenn Sie nach dem Ende der Pflegetätigkeit nicht sofort eine Beschäftigung finden. In dieser Situation haben Sie – soweit in der Pflege Versicherungsschutz bestand – Anspruch auf Arbeitslosengeld. Diesen Vorteil können Sie sich sichern, wenn Sie vor der Pflege oder auch während der Zeit der Pflege eine kurze sozialversicherungspflichtige Beschäftigung aufnehmen. Die Pflege, die nach dem Ende der Beschäftigung stattfindet, gilt als versicherungspflichtig und kann Ihnen einen Anspruch auf Arbeitslosengeld sichern.

Im Falle der **Versicherungspflicht** werden die Beiträge zur Arbeitslosenversicherung von der Pflegeversicherung getragen und auf Basis von 50 % der monatlichen Bezugsgröße berechnet. Das sind 2024 1.767,50 € im Westen bzw. 1.732,50 € im Osten. 2,6 % davon (so hoch ist der aktuelle Beitrag zur Arbeitslosenversicherung) werden jeden Monat an die Arbeitslosenversicherung überwiesen. Sie selbst müssen also keinen Beitrag zahlen.

3.4.1 Nachteilsausgleich bei Arbeitszeitverminderung

Wer für die Pflege von Angehörigen, Freunden oder Bekannten seine **Arbeitszeit verkürzt,** verdient in der Regel weniger. Dann fließen auch geringere Beiträge in die Arbeitslosenversicherung. Das kann später böse Folgen haben, wenn (nach der Zeit der Pflege) Arbeitslosigkeit eintritt. Denn dann fällt das **Arbeitslosengeld** geringer aus.

Diese Folgen federt § 150 SGB III ab. Der Paragraf regelt, welche Zeiten zum sogenannten **Bemessungszeitraum** gehören. Darunter versteht man die Zeit, die bei der Berechnung des Arbeitslosengelds berücksichtigt wird. Das niedrigere Einkommen in der gesetzlichen Pflegezeit oder in einer Familienpflegezeit mit Arbeitszeitverminderung wird aus diesem Bemessungszeitraum ausgeklammert.

Stattdessen wird das Arbeitslosengeld entweder auf Grundlage des früheren höheren Verdienstes vor der Zeit der Pflege berechnet oder es wird fiktiv bemessen – und zwar auf Grundlage der beruflichen Qualifikation der Pflegepersonen bzw. – genauer – auf Grundlage der Qualifikationen, die für die Jobs erforderlich sind, in die Ex-Pflegepersonen als Arbeitslose vermittelt werden können.

3.4.2 Versicherungsschutz greift auch bei Beginn der Pflege vor 2017

Die Pflege eines Angehörigen kann Jahrzehnte dauern. Die Regelung zur Versicherungspflicht der Pflegezeit in der Arbeitslosenversicherung wurde jedoch erst 2017 eingeführt. Das **Bundessozialgericht**

(BSG) entschied am 7.6.2023, dass die Versicherungspflicht auch dann besteht, wenn die Pflege lange vor diesem Zeitpunkt bereits begann – soweit der Pflegende unmittelbar vor dem Beginn der Pflegetätigkeit zu dem durch die Arbeitslosenversicherung geschützten Personenkreis gehört hat (Az. B 11 AL 1/22 R). Das BSG-Urteil sicherte dem Kläger Arbeitslosengeld.

Verhandelt wurde vor dem Bundessozialgericht über die Klage eines Mannes, der seine demente Mutter weit über ein Jahrzehnt lang gepflegt hatte. Unmittelbar vor dem Beginn der Pflegetätigkeit und anfangs auch neben dieser war er sozialversicherungspflichtig beschäftigt (bis 2008). Als er 2019 nach dem Tod seiner Mutter Arbeitslosengeld beziehen wollte, lehnte die Arbeitsagentur seinen Antrag ab. Das BSG gestand ihm dieses nun zu – in Abänderung des Urteils der Vorinstanz (LSG NRW, Az. L 20 AL 69/21).

Der Kernsatz des Urteils: »§ 26 Absatz 2b Satz 1 SGB III stellt nach seinem Wortlaut allein darauf ab, ob unmittelbar vor Beginn der Pflegetätigkeit Versicherungspflicht oder ein Anspruch auf eine Entgeltersatzleistung nach dem SGB III bestand, ohne dies auf Fälle zu begrenzen, in denen die Pflegetätigkeit am oder nach dem 1. Januar 2017 aufgenommen worden ist«. Diese Voraussetzung erfülle der Kläger, da er vor Aufnahme seiner Pflegetätigkeit 2006 durch seine Beschäftigung zum geschützten Personenkreis gehörte.

3.4.3 Höhe des Arbeitslosengeldes nach der Zeit der Angehörigenpflege

Das **monatliche Bruttoeinkommen** im letzten sozialversicherten Beschäftigungsverhältnis ist für die Höhe des Arbeitslosengeldes immer dann maßgeblich, wenn Sie innerhalb der letzten beiden Jahre noch mindestens fünf Monate mit sozialversicherungspflichtiger Beschäftigung nachweisen können.

Hans Maier hat 15 Monate lang seinen Vater gepflegt. In dieser Zeit war er nicht erwerbstätig. Nach der 15-monatigen Auszeit für die Pflege meldet er sich arbeitslos und beantragt Arbeitslosengeld. Unmittelbar vor der Zeit der Pflege war er jahrelang sozialversicherungspflichtig beschäftigt und hatte monatlich 3.000,– € brutto verdient. Er war deshalb in der Zeit, in der er seinen Vater gepflegt hat, arbeitslosenversichert. Nun hat er Anspruch auf Arbeitslosengeld. Um zu bestimmen, wie sein Arbeitslosengeld berechnet wird, sind für die Agentur für Arbeit zunächst seine Beschäftigungszeiten innerhalb des letzten Jahres vor dem Antrag auf Arbeitslosengeld wichtig. Da Hans Maier innerhalb der letzten zwölf Monate nicht sozialversicherungspflichtig beschäftigt war, geht die Agentur noch weitere zwölf Monate zurück. In den 24-Monats-Zeitraum fallen noch neun Monate mit sozialversicherungspflichtiger Beschäftigung – also weit mehr als die erforderlichen fünf Monate. Daher wird bei der Berechnung seines Arbeitslosengelds der Durchschnittsverdienst in diesen neun Beschäftigungsmonaten zugrunde gelegt, also 3.000,– € brutto.

3.4.4 Nach längerer Zeit der Pflege: fiktive Bemessung des Arbeitslosengeldes

Sind seit der letzten sozialversicherungspflichtigen Beschäftigung **mehr als 19 Monate vergangen** – ist die letzte Beschäftigung mit längerer Arbeitszeit also zu lange her –, so wird das Arbeitslosengeld **»fiktiv«** bemessen.

Das fiktive Arbeitslosengeld von erwerbslosen Facharbeitern, die sich dem Arbeitsmarkt für eine Vollzeitbeschäftigung zur Verfügung stellen, beträgt 2023 immerhin 1276,50 € monatlich – für Kinderlose. Mit Kind fällt die Leistung noch um gut 10 % höher aus.

Höhe des Arbeitslosengeldes bei fiktiver Bemessung im Jahr 2023 (ohne Kind) nach Berufsstatus*)

ohne Berufsausbildung	977,70 €
Ausbildungsberuf	1.276,50 €
Meister	1.534,20 €
Uni/Fachhochschule	1.778,10 €

*) genau: berufliche Qualifikation, die für die Tätigkeit erforderlich ist, in die hinein vermittelt wird. Zugrunde gelegt wurden die Bezugsgröße und Arbeitslosengeld-Werte des Jahres 2023.

3.4.5 Angehörigenpflege bei Bezug von Arbeitslosengeld möglich

Wenn Sie die Versicherungsleistung **Arbeitslosengeld** oder die Fürsorgeleistung **Bürgergeld** beziehen, dürfen Sie gleichzeitig einen Angehörigen pflegen und von diesem Pflegegeld erhalten. Das **Pflegegeld** wird dabei weder auf das Arbeitslosengeld noch auf Bürgergeld angerechnet.

Wenn Sie als Pflegender Arbeitslosengeld beziehen, haben Sie aber die gleichen Pflichten wie alle anderen Arbeitslosen. Sie müssen aktiv Arbeit suchen und Ihre Suchaktivitäten belegen, wenn Sie hierzu aufgefordert werden. Sie müssen auch an zumutbaren Bildungs- oder Trainingsmaßnahmen teilnehmen.

Sie dürfen zwar wegen Ihrer Pflegebelastung Ihre Verfügbarkeit für den Arbeitsmarkt auf Teilzeitstellen beschränken. Dann müssen Sie jedoch, wenn das Arbeitslosengeld auf Grundlage einer Beschäftigung mit längerer wöchentlicher Arbeitszeit berechnet wurde, hinnehmen, dass Ihr Arbeitslosengeld entsprechend gekürzt wird. Wer zum Beispiel wegen der Pflege statt eines früheren Vollzeitjobs nur noch eine halbe Stelle annehmen kann, muss akzeptieren, dass die Bemessungsgrundlage für sein Arbeitslosengeld halbiert wird.

Wenn Sie Stellen ablehnen, für die Sie sich zuvor als verfügbar erklärt haben, können Sie mit einer **Sperrzeit** belegt werden. Wenn Sie es prinzipiell ablehnen, solche Stellen anzunehmen, gelten Sie als nicht verfügbar auf dem Arbeitsmarkt und das Arbeitslosengeld wird ganz gestrichen.

Die genannten Einschränkungen gelten beim Bürgergeld nicht. Wenn sich die Aufnahme einer Erwerbstätigkeit tatsächlich nicht mit der Pflege von Angehörigen vereinbaren lässt, dürfen Empfänger von Bürgergeld eine angebotene Stelle ohne Nachteile ablehnen. Sie müssen allerdings in dem Maße, wie die Pflege es zulässt, bereit sein, eine Erwerbstätigkeit aufzunehmen. Bei den Pflegegraden 1 und 2 dürfte die Aufnahme einer Erwerbstätigkeit in der Regel zumutbar sein.

3.5 Gesetzliche Kranken- und Pflegeversicherung

Wenn Sie einen Angehörigen pflegen, sind Sie **nicht automatisch kranken- und pflegeversichert.** Probleme kann es hier insbesondere für diejenigen geben, die neben der Pflege nicht (weiterhin) sozialversichert beschäftigt sind und auch nicht anderweitig krankenversichert sind (etwa über die Rente oder den Bezug von Arbeitslosengeld).

Wer während der Pflege weder eine sozialversicherungspflichtige Beschäftigung ausübt noch anderweitig krankenversichert ist, muss sich um Kranken- und Pflegeversicherung selbst kümmern. Es gibt dazu mehrere Möglichkeiten:

3.5.1 Möglichkeit 1: Familienversicherung über Ehepartner

Diese Lösung kommt für viele verheiratete Pflegepersonen infrage. Ein Anrecht auf die **kostenfreie Familienversicherung** haben die Ehepartnerinnen und -partner von gesetzlich Krankenversicherten, soweit sie regelmäßig nur Einkünfte bis zu 505,– € (Stand: 2024) im Monat haben. Für Mini-Jobberinnen und Mini-Jobber gilt 2024 eine Einkommensgrenze von 538,– € im Monat. Diese Grenze wird künftig entsprechend der Steigerung des Mindestlohns angehoben.

Pflegegeld, das Ihnen vom Pflegebedürftigen weitergegeben wird, zählt nicht als Einkommen. Wer einen Mini-Job hat, darf also das monatliche Pflegegeld bekommen und zusätzlich noch bis zu 538,– € im Monat in einem Minijob hinzuverdienen. Die beitragsfreie Familienversicherung geht dadurch nicht verloren. Diese beitragsfreie Versicherung gibt es allerdings nur bei der gesetzlichen Kranken- und Pflegeversicherung. Wenn Ihre Ehepartnerin oder ihr Ehepartner privat krankenversichert ist, kommt diese Möglichkeit nicht in Betracht.

3.5.2 Möglichkeit 2: Freiwillige gesetzliche Versicherung

Wenn Sie zuletzt **Mitglied einer gesetzlichen Kranken- und Pflegekasse** waren, können Sie diese Versicherung während der Zeit der Pflege **freiwillig fortsetzen.** Sie müssen dann allerdings zunächst den vollen Beitrag selbst zahlen. Im Durchschnitt aller Krankenkassen sind 2024 Beiträge von 16,3 % für die Krankenversicherung und (für Versicherte mit Kindern) 3,4 % für die Pflegeversicherung fällig. Als Pflegeperson können Sie hierzu jedoch unter Umständen einen Zuschuss erhalten (dazu später mehr).

Die Beiträge einer **freiwilligen Kranken- und Pflegeversicherung** bemessen sich nach den beitragspflichtigen Einnahmen. Es gibt jedoch eine **allgemeine Mindestbemessungsgrundlage für freiwillig Versicherte.** Sie liegt 2024 bei 1.178,33 € im Monat. Dieses Einkommen unterstellen die Kassen also mindestens. Es wird also auch dann ein monatlicher Mindestbeitrag verlangt, wenn die Pflegepersonen äußerst geringe Einkünfte haben oder nur von ihren Ersparnissen leben. Dieser Mindestbeitrag beträgt 2024 für die Kranken- und Pflegeversicherung zusammen bis zu 235,– € (je nach Kasse etwas weniger).

Wenn Sie über höhere Einnahmen (dazu zählen nicht nur Erwerbseinkommen, sondern zum Beispiel auch Einnahmen aus Vermietungen oder Kapitalvermögen) verfügen oder einen gut verdienenden Ehepartner haben, müssen Sie oft deutlich mehr bezahlen. Denn bei der Beitragsbemessung berücksichtigen die Krankenkassen auch das Einkommen des Ehepartners. Nachweisbare besondere Belastungen – etwa Unterhaltszahlungen für gemeinsame Kinder – mindern allerdings den Beitrag.

In bestimmten Fällen können **freiwillig krankenversicherte Pflegepersonen** einen zeitlich begrenzten Zuschuss zu ihren Beiträgen zur Kranken- und Pflegeversicherung bekommen (§ 44a Abs. 1 SGB XI).

Die Höhe entspricht dem Mindestbeitrag, der von der Kranken- und Pflegekasse des pflegenden Angehörigen erhoben wird, und beträgt damit maximal rund 235,– €. Der Zuschuss deckt somit oft nicht den vollen Beitrag zur Kranken- und Pflegeversicherung ab.

Den Zuschuss gibt es nur für diejenigen, die für die Angehörigenpflege eine Auszeit vom Job nehmen oder ihre Beschäftigung auf einen Mini-Job (mit maximal 538,– € im Monat) reduzieren – allerdings nur während der 6-monatigen gesetzlichen Pflegezeit. Sollte die Pflegezeit länger andauern als die gesetzlich zugestandenen sechs Monate, fällt dieser Zuschuss ab dem siebten Monat weg.

Nach dem Wortlaut des Gesetzes werden von der **Zuschussregelung** nur Arbeitnehmer von **Arbeitgebern mit mehr als 15 Beschäftigten** erfasst. Jedoch haben die **Verbände der Kranken- und Pflegekassen** hierzu folgende Empfehlung ausgesprochen: »Bei Arbeitgebern mit in der Regel 15 oder weniger Beschäftigten besteht kein auf der Grundlage des Pflegezeitgesetzes durchsetzbarer (Rechts-) Anspruch auf die Freistellung von der Arbeitsleistung. Räumt der Arbeitgeber in solchen Fällen gleichwohl die Pflegezeit ein, sind unter den Voraussetzungen des § 44a Abs. 1 SGB XI Zuschüsse zu gewähren. Die das Pflegezeitgesetz flankierenden Regelungen über die soziale Sicherung rechtfertigen keine unterschiedliche Behandlung von Arbeitnehmern in Abhängigkeit von der Größe des Betriebes«.

Mit anderen Worten: Auch **Beschäftigte aus Kleinbetrieben** können den Zuschuss bekommen, wenn sie wegen der Angehörigenpflege von der Arbeit freigestellt werden. Keinen Anspruch auf den Beitragszuschuss haben jedoch diejenigen, die zuletzt beispielsweise als Selbstständige oder Hausfrauen freiwillig gesetzlich krankenversichert waren.

Der Zuschuss wird – anders als bei den oben beschriebenen Regelungen zur Arbeitslosen- und Rentenversicherung – nicht davon abhängig gemacht, dass die pflegenden Angehörigen wöchentlich eine

bestimmte Mindeststundenzahl für Pflege und Betreuung aufbringen. Es reicht, wenn sie für die Pflege in ihrem Job pausieren oder ihre Arbeitszeit so reduzieren, dass sie nur noch einen Minijob ausüben.

Der Zuschuss muss bei der Pflegeversicherung des oder der Gepflegten beantragt werden. Wer etwa seine Mutter pflegt, die bei der AOK Bayern pflegeversichert ist, muss bei dieser Kasse einen Beitragszuschuss zu seiner eigenen Kranken- und Pflegeversicherung beantragen – egal bei welcher Kasse sie oder er selbst versichert ist.

3.5.3 Möglichkeit 3: Private Versicherung

Hier gelten ähnliche Regelungen wie für freiwillig gesetzlich Versicherte. Auch in diesem Fall müssen die pflegenden Angehörigen die (unter Umständen hohen) Beiträge zu ihrer privaten Kranken- und Pflegeversicherung **selbst entrichten.** Auch sie können unter den oben genannten Bedingungen einen Zuschuss zu ihren Versicherungsbeiträgen erhalten. Maximal wird ihnen dann der durchschnittliche Mindestbetrag gewährt, den auch freiwillig gesetzlich Versicherte erhalten würden.

Privat Krankenversicherte im Angestelltenverhältnis, die ohnehin mit einer Rückkehr in die gesetzliche Krankenversicherung (GKV) liebäugeln, können dies unter Umständen über eine Pflege- oder Familienpflegezeit erreichen. Wegen der damit verbundenen Einkommenssenkung rutschen viele unter die Versicherungspflichtgrenze in der Kranken- und Pflegeversicherung (2024: 69.300,– € im Jahr). Dadurch werden sie unter Umständen dort versicherungspflichtig und müssten sich gesetzlich kranken- und pflegeversichern. Das gilt allerdings nicht für Pflegende ab 55 Jahren, die privat krankenversichert sind und in den letzten fünf Jahren nicht gesetzlich versichert waren. Für sie ist die Rückkehr in die gesetzliche Krankenversicherung (GKV) im Regelfall nicht möglich.

Für manchen mag die Rückkehr in die gesetzliche Krankenversicherung erwünscht sein. Doch aus Sicht des Gesetzgebers soll niemand wegen der Pflege gezwungen werden, der privaten Krankenversicherung den Rücken zu kehren.

! Daher können nach § 8 SGB V Arbeitnehmer, die durch die verkürzte Arbeitszeit versicherungspflichtig in der gesetzlichen Krankenversicherung werden, sich per Antrag von dieser Versicherungspflicht befreien lassen. Wer keinen solchen Antrag stellt, kehrt in die GKV und als Folge davon auch in die gesetzliche Pflegeversicherung zurück.

3.6 Gesetzliche Unfallversicherung

Auch bei der Pflege passieren Unfälle: Eine Tochter stürzt bei der Begleitung ihrer pflegebedürftigen Mutter auf der Treppe und bricht sich das Handgelenk – ein typischer Arbeitsunfall. Ein Sohn verunglückt auf der Fahrt zu seinem Vater, den er regelmäßig betreut, und verletzt sich dabei schwer – ein typischer Wegeunfall, was eine Unterart des Arbeitsunfalls ist.

! Den Unfallversicherungsschutz bei der Pflege sollten Sie nicht unterschätzen. Denn die Leistungen der gesetzlichen Unfallversicherung, auf die Sie in den geschilderten und ähnlichen Fällen Anspruch haben, sind umfassender und besser als Leistungen der Krankenversicherung. Deshalb sollten Sie in solchen Fällen immer den für Sie zuständigen Durchgangsarzt der gesetzlichen Unfallversicherung aufsuchen.

Wer regelmäßig Angehörige, Freundinnen, Freunde oder Bekannte pflegt und betreut, steht dabei zumeist unter dem **Schutz der gesetzlichen Unfallversicherung.** Das gilt allerdings nur, wenn

- der oder die Gepflegte mindestens in Pflegegrad 2 eingestuft ist (und nicht in Pflegegrad 1) und in der häuslichen Umgebung gepflegt wird,

- die Pflegeperson mindestens zehn Stunden wöchentlich – verteilt auf regelmäßig mindestens zwei Tage in der Woche – betreut und pflegt,
- die Pflege und Betreuung nicht erwerbsmäßig erbracht wird.

Beiträge zur Unfallversicherung müssen Sie als Pflegeperson nicht abführen. Für diejenigen, die unter dem Schutz der gesetzlichen Unfallversicherung stehen, gilt ein Unfall während der Pflege als Arbeitsunfall und ein Unfall auf dem direkten Weg zu dem Ort, wo gepflegt wird (oder auf dem direkten Rückweg nach Hause), als sogenannter **Wegeunfall.** Dann können Ansprüche an die Unfallversicherung gestellt werden, zum Beispiel für

- alle notwendigen Behandlungen durch einen Arzt, in einem Krankenhaus oder einer Reha-Einrichtung,
- die Übernahme von Heilmitteln oder notwendigen Fahrtkosten usw.,
- weiterführende Maßnahmen, etwa in schweren Fällen für eine Umschulung in einen anderen Beruf,
- Renten aus der Unfallkasse (in ganz schweren Fällen).

Durch die Unfallversicherung sollen alle Pflege- und Betreuungstätigkeiten abgedeckt werden, die dazu verhelfen, Beeinträchtigungen der Selbstständigkeit und Fähigkeiten von Pflegebedürftigen zu mindern oder auszugleichen. Auch bei **Hilfen im Haushalt** der Pflegebedürftigen sind Sie als Pflegeperson unter den oben genannten Bedingungen unfallversichert.

Nach der **Rechtsprechung des Bundessozialgerichts** gilt der **Unfallversicherungsschutz** nicht nur in der Wohnung des oder der Pflegebedürftigen, sondern auch **bei notwendigen Unterstützungen außerhalb,** etwa bei der Begleitung zum Arzt.

In einem vom **Bundessozialgericht** entschiedenen Fall vom 9.11.2010 (Az. B 2 U 6/10 R) hatte eine Tochter ihre pflegebedürftige Mutter zum Arzt begleitet. Auf dem Rückweg stürzte die Mutter im

Treppenhaus und riss dabei ihre Tochter mit sich, die sich hierbei ihr linkes Knie brach. Die Begleitung durch die Tochter kam – so das Gericht – »überwiegend der Pflegebedürftigen zugute«. Damit erfolgte die Begleitung »im Sachzusammenhang mit der unfallversicherten Pflege« und war damit unfallversichert.

Der Unfallversicherungsschutz gilt auch, wenn Pflegende einen **pflegebedürftigen Angehörigen** in einen **Auslandsurlaub** begleiten, urteilte das Landessozialgericht Nordrhein-Westfalen am 17.9.2010 (Az. L 4 U 57/09). Dabei ging es um eine Tochter, die ihre Eltern während deren Urlaubs in Spanien weiter gepflegt hatte. Damit war sie auch in der Urlaubszeit deren Pflegeperson und stand damit unter dem Schutz der gesetzlichen Unfallversicherung.

Zuständig bei Unfällen von Pflegepersonen ist in der Regel die Unfallkasse des Landes, in dem die gepflegte Person wohnt. Eine Anmeldung dort ist nicht erforderlich. Die Unfallversicherung der Pflegepersonen tritt automatisch ein, wenn bei den von ihnen Gepflegten mindestens Pflegegrad 2 vorliegt und die weiteren oben genannten Bedingungen erfüllt sind. Ein Verzeichnis von allen Unfallkassen finden Sie, wenn Sie in einer Suchmaschine oder in der Browserzeile »dguv« und »Anschriften der Unfallversicherungsträger« eingeben.

4 Arbeitszeitreduzierung oder Auszeit für die Pflege: Finanzielle Folgen und Auffangmöglichkeiten

Viele pflegende Angehörige sind im erwerbsfähigen Alter und berufstätig. Durch die **Doppelbelastung von Pflege und Job** (und unter Umständen noch Betreuung und Versorgung der eigenen Kinder) kommt es vielfach zu einer **Überlastung.**

Klar ist: Während der Zeit der Pflege wäre eine **Reduzierung der Arbeitszeit** oder eine **Auszeit vom Job** oft bitter nötig. Arbeitsrechtlich gibt es hierfür, wie bereits aufgezeigt, durchaus Möglichkeiten. Doch wie können die **finanziellen Konsequenzen** aufgefangen werden? Immer wieder kommt in der Politik die Forderung nach einer Lohnersatzleistung während der Pflege auf. Diese fordert im August 2023 etwa der gesundheitspolitische Sprecher der CDU/CSU-Bundestagsfraktion, Tino Sorge. Angesichts der deutschen Haushaltslage dürfte dies jedoch in absehbarer Zukunft nicht realisierbar sein. Dennoch gibt es einige Möglichkeiten zur Abfederung der finanziellen Folgen einer Arbeitszeitverkürzung bzw. eines vorübergehenden Ausstiegs aus dem Job für die Pflege. Folgend ein Überblick:

4.1 Pflegegeld als Anerkennung des Einsatzes des pflegenden Angehörigen

Für pflegende Angehörige sieht die gesetzliche Pflegeversicherung – zumindest rechtlich gesehen – keine Geldleistung vor. Es gibt zwar ein »**Pflegegeld**« – was sich ja zunächst ähnlich wie **Elterngeld** anhört. Dieses wird aber dem Pflegebedürftigen ausgezahlt. Fünf von sechs Pflegebedürftigen werden zu Hause versorgt. Das Gros der Betroffenen erhielt dabei ausschließlich das frei verwendbare Pflegegeld der Pflegekassen. Bei Pflegegrad 3 beträgt es beispielsweise monatlich 572,– € (seit 2024).

Das Pflegegeld kann von den Pflegebedürftigen frei verwendet werden. Die Verwendung wird nicht kontrolliert. Vorgesehen ist es jedoch für die **Finanzierung von Pflege- und Betreuungsleistungen.** Untersuchungen zeigen, dass das Geld vielfach zur Deckung der Kosten des Lebensunterhalts verwendet wird – auch wenn Angehörige die Pflege vollständig oder weitgehend übernehmen. Das Pflegegeld ist aber in solchen Fällen vom Gesetzgeber ausdrücklich dafür vorgesehen, dass Pflegebedürftige dieses an diejenigen weitergeben, die sie betreuen.

Wenn **Pflegebedürftige** – was überwiegend der Fall ist – nicht von einem professionellen Pflegedienst betreut werden, wird es den Betreffenden in voller Höhe ausgezahlt. Für den Fall, dass ein Pflegedienst eingeschaltet wird, kommt es zur Kürzung des Pflegegeldes bzw. bei häufigerer Nutzung des professionellen Dienstes zum Wegfall des Pflegegeldes.

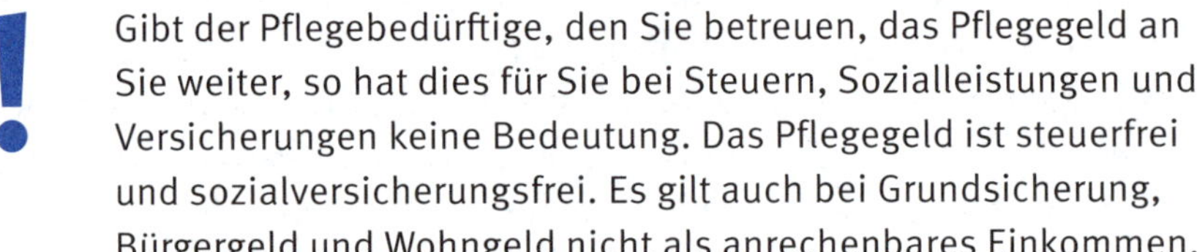
Gibt der Pflegebedürftige, den Sie betreuen, das Pflegegeld an Sie weiter, so hat dies für Sie bei Steuern, Sozialleistungen und Versicherungen keine Bedeutung. Das Pflegegeld ist steuerfrei und sozialversicherungsfrei. Es gilt auch bei Grundsicherung, Bürgergeld und Wohngeld nicht als anrechenbares Einkommen.

Vor dem **Bundesgerichtshof** (BGH) wurde zuletzt über **Pfändbarkeit des Pflegegeldes** der Pflegeversicherung gestritten. Es ging um die alleinerziehende Mutter eines autistischen Kindes, die neben ihrem Arbeitseinkommen Pflegegeld wegen der Betreuung ihres Kindes erhielt (von diesem an die Mutter weitergegeben). Da gegen die Mutter ein **Pfändungs- und Überweisungsbeschluss** vorlag, war beim zuständigen Insolvenzgericht die Zusammenrechnung von Arbeitsentgelt und Pflegegeld zur Berechnung des pfändbaren Betrages beantragt worden. Der BGH lehnte dies – wie die Vorinstanzen – ab. Das Gericht verwies unter anderem darauf, dass der Gesetzgeber durch das Pflegegeld für Angehörige einen Anreiz zur Angehörigenpflege setzen wolle. Durch die Pfändung des Pflegegeldes werde dieser Anreiz konterkariert. Das Gericht wies daher die Pfändung zurück (Az. IX ZB 12/22).

In vielen Familien wird ungern über Geld gesprochen. Wenn dies auch bei Ihnen so ist: Überwinden Sie sich. Wenn Sie Ihre Mutter, Ihren Vater oder andere Angehörige pflegen, sollte das Pflegegeld an Sie gehen.

Geldleistung bei häuslicher Pflege (Pflegegeld)

	2024	**2025**
Pflegegrad 1	0,– €	0,– €
Pflegegrad 2	332,– €	347,– €
Pflegegrad 3	573,– €	599,– €
Pflegegrad 4	765,– €	799,– €
Pflegegrad 5	947,– €	990,– €

4.2 Teilzeitlohn plus Pflegegeld plus Wohngeld

Wenn Pflegende Ihre Arbeitszeit verkürzen und damit weniger verdienen, können sie den Einkommensrückgang vielfach durch den Bezug von **Wohngeld** bzw. für Eigentümer von Immobilien **Lastenzuschuss** kompensieren.

Wohngeld ist eine komfortable Sozialleistung. Hier gibt es niedrige Hürden: So prüfen die Ämter nicht, ob ein Auto oder die Größe und Ausstattung der Wohnung angemessen sind. Auch nach **Ersparnissen und Vermögen** wird in den – regional unterschiedlichen – Wohngeldanträgen meist nicht gefragt. Das bedeutet allerdings nicht, dass Vermögen für den Zuschuss zu den Unterkunftskosten generell keine Rolle spielt.

Man muss jedoch im **Wohngeldgesetz** lange suchen, bis man einen Paragrafen findet, in dem diese Frage – wenn auch indirekt – berührt wird: In § 21 des Gesetzes geht es um »sonstige Gründe« für das **Nichtbestehen eines Wohngeldanspruchs.** Ein Anspruch auf Wohngeld besteht danach nicht, »soweit die Inanspruchnahme missbräuchlich wäre, insbesondere wegen erheblichen Vermögens«. Erhebliches Vermögen ist nach den Verwaltungsrichtlinien vorhanden, wenn die Summe des verwertbaren Vermögens der zu berücksichtigenden Haushaltsmitglieder folgende Beträge übersteigt:

- 60.000,– € für das erste zu berücksichtigende Haushaltsmitglied und
- 30.000,– € für jedes weitere zu berücksichtigende Haushaltsmitglied.

Wenn Ihr **verwertbares Vermögen** (Verträge zur Alterssicherung werden hier nicht mitgezählt) unter diesen Grenzen liegt, steht für den Fall, dass Ihr Einkommen erheblich gesunken ist, einem Wohngeldanspruch häufig nichts entgegen. So müssen Sie sich beim Wohngeldamt nicht dafür rechtfertigen, dass Ihr Einkommen gesunken ist, weil Sie – beispielsweise – Ihre Arbeitszeit halbiert haben.

Rechnet man Ihren Teilzeitlohn, das Pflegegeld und das Wohngeld zusammen, so hält sich Ihr Einkommensverlust bei einer Arbeitszeitverkürzung häufig in Grenzen.

Nehmen wir an, Sie sind alleinstehend, Sie verdienen brutto 3.000,– € im Monat. Dies entspricht einem Nettogehalt von ca. 2.041,– €. Ihre Kaltmiete beträgt 500,– €. Wohngeld können Sie in diesem Fall nicht erhalten.

Nun halbieren Sie Ihre Arbeitszeit, weil Sie Ihre Mutter mit Pflegegrad 3 betreuen. Nun kommen Sie brutto nur noch auf 1.500,– €, das entspricht 1.182,– € netto. In diesem Fall wirkt sich das progressive Steuersystem für Sie positiv aus: Obwohl Sie Ihre Arbeitszeit um 50 % reduzieren, sinkt Ihr Nettolohn nur um 42,1 %. Wichtig ist zudem: Nun haben Sie Anspruch auf Wohngeld. Dieses würde in Ihrem Fall in Köln beispielsweise bei der Kaltmiete von 500,– € immerhin 227,– € betragen. Nimmt man nun noch das Pflegegeld hinzu, das in diesem Fall 572,– € beträgt, so kommen Sie insgesamt auf (1.182,– € + 227,– € + 572,– € =) 1.981,– €. Netto stehen Ihnen damit nur 60,– € weniger als zuletzt mit der Vollzeitbeschäftigung zur Verfügung.

Natürlich stellt sich die Situation gerade hinsichtlich des Wohngelds höchst unterschiedlich dar. So sind die Wohnorte in unterschiedliche Mietenstufen eingeordnet, wodurch das Wohngeld jeweils unterschiedlich hoch ausfällt. Es kostet Sie allerdings kaum Mühe, zu prüfen, ob für Sie Wohngeld – oder als Eigentümer der Lastenzuschuss – infrage kommt. Einen einfach zu bedienenden Wohngeldrechner finden Sie, wenn Sie in der Browserzeile »Smart-Rechner« und »Wohngeld« eingeben.

4.3 Möglicher Anspruch auf Bürgergeld in der Zeit der Angehörigenpflege

Können Menschen, die ihre Erwerbstätigkeit reduzieren oder für eine Zeit lang ganz ruhen lassen und etwa eine Pflegezeit nehmen, den **Einkommensausfall durch Bürgergeld kompensieren?** Wäre das Bürgergeld ein **bedingungsloses Grundeinkommen,** so wäre diese Frage ganz einfach mit »Ja« zu beantworten. Doch das Bürgergeld ist an Bedingungen gebunden – vor allem an die Bedingung, dass sich die Bezieher um die Aufnahme einer zumutbaren Arbeit bemühen müssen. Deshalb ist die obige Frage mit »kommt ganz darauf an« zu beantworten.

Zumindest wenn Angehörige Pflegebedürftige mit Pflegegrad 4 oder 5 betreuen, sind sie im Regelfall nicht verpflichtet, neben der Pflege einer Erwerbstätigkeit nachzugehen. Die Arbeitsaufnahme gilt dann für sie als nicht zumutbar. Damit können sie also Bürgergeld erhalten, um gegebenenfalls einen Einkommensausfall etwa während der Pflegezeit oder der Familienpflegezeit zu kompensieren.

Die Regelungen zur Zumutbarkeit finden sich in § 10 SGB II. Zunächst ist darin ausgeführt, dass für Erwerbsfähige **»jede Arbeit zumutbar«** ist. Es folgen die Ausnahmen. In Absatz 4 findet sich die hier interessierende **Ausnahmeklausel für die Angehörigenpflege.**

Eine Arbeitsaufnahme gilt danach als unzumutbar, wenn »die Ausübung der Arbeit mit der Pflege einer oder eines Angehörigen nicht vereinbar wäre und die Pflege nicht auf andere Weise sichergestellt werden kann«.

Die Ausnahmeklausel zur Angehörigenpflege ist auslegungsbedürftig. Die Auslegung erledigt die Bundesagentur für Arbeit, kontrolliert durch die Sozialgerichte. Die Weisungen der Bundesagentur sehen vor, dass bei der Pflege einer Person mit den Pflegegraden 4 und 5 die Aufnahme einer Erwerbstätigkeit generell unzumutbar ist. Hat der Angehörige Pflegegrad 1, so ist danach eine Vollzeittätigkeit zumutbar. Bei den Pflegegraden 2 und 3 ist je nach Einzelfall eine Erwerbstätigkeit von bis zu sechs Stunden zumutbar (siehe folgende Tabelle).

Folgende Arbeitszeiten hält die Bundesagentur für Arbeit für pflegende Angehörige im Regelfall für zumutbar

Grad der Pflegebedürftigkeit		Zumutbare Arbeitszeit
1	Geringe Beeinträchtigung der Selbstständigkeit oder der Fähigkeiten	In der Regel Vollzeit
2	Erhebliche Beeinträchtigung der Selbstständigkeit oder der Fähigkeiten	In Abhängigkeit von der erforderlichen Präsenz der Pflegeperson bis zu 6 Stunden pro Tag
3	Schwere Beeinträchtigung der Selbstständigkeit oder der Fähigkeiten	In Abhängigkeit von der erforderlichen Präsenz der Pflegeperson bis zu 6 Stunden pro Tag
4	Schwerste Beeinträchtigung der Selbstständigkeit oder der Fähigkeiten	Nicht zumutbar
5	Schwerste Beeinträchtigung der Selbstständigkeit oder der Fähigkeiten mit besonderen Anforderungen an die pflegerische Versorgung	Nicht zumutbar

Die **Aufgabe einer Beschäftigung um der Pflege willen** wird bei den **Jobcentern** mitunter penibel untersucht. Denn hier stellt sich unter Umständen die Frage, ob die Arbeitsaufgabe **»sozialwidrig«** ist. Ein BSG-Urteil zu dieser Frage liegt noch nicht vor, allerdings ein rechtskräftiges Urteil des **Landessozialgerichts Niedersachsen-Bremen** (Az. L13 AS 162/17). Das Urteil zeigt klar, nach welchen Kriterien die Zumutbarkeit der Arbeitsaufnahme beurteilt wird.

Verhandelt wurde über den Fall einer Tochter, die ihre Vollzeitstelle aufgegeben hatte, um ihre Mutter pflegen zu können. Der Mutter war – nach dem alten Recht der Pflegeversicherung – die Pflegestufe II zuerkannt worden. Das entspricht dem heutigen Pflegegrad 3.

Die Tochter war zuvor in Vollzeit als Hallenaufsicht am Bremer Flughafen beschäftigt. Die Tätigkeit erfolgte im Schichtdienst, wobei der Arbeitgeber die Schichtverteilung nur vier Tage im Voraus mitteilte. Da dies mit der Betreuung der Mutter, die mehrmals täglich Pflege benötigte, nicht vereinbar war, schloss die Betroffene mit ihrem Arbeitgeber einen **Aufhebungsvertrag** und gab ihre Stelle auf. Das Jobcenter sah hierin ein sozialwidriges Verhalten. Die Mutter habe lediglich Pflegestufe II gehabt, zudem habe die Tochter die Pflege nicht selbst übernehmen müssen, das habe auch ein Pflegedienst erledigen können. Die Auflösung des Arbeitsverhältnisses sei daher grob fahrlässig erfolgt.

Das sah das LSG anders. Es wies die Forderung des Jobcenters auf Rückzahlung der Leistungen zurück. Grundsätzlich seien der Tochter zwar Arbeitszeiten von bis zu sechs Stunden täglich zumutbar gewesen, doch mit der Schichtarbeit sei die Pflege nicht vereinbar gewesen. Im Prinzip sei zwar zu prüfen, ob die Pflege durch andere habe sichergestellt werden können. Dies sei hier aber nicht der Fall gewesen. Bei der erforderlichen Einzelfallbeurteilung der Sicherstellung einer Pflege durch Dritte sei »ebenfalls die Überlegung mit einzubeziehen, ob die Pflegeperson dem zustimmt, denn der zu Pflegende bleibt ein eigenständiges Individuum mit Selbstbestimmungsrecht«. Im verhandelten Fall sei die Mutter hierzu keinesfalls bereit gewesen.

Das Urteil bezieht sich noch auf das Arbeitslosengeld II, ist aber 1:1 auf das Bürgergeld übertragbar. Der Fall zeigt, dass es für pflegende Angehörige auch dann, wenn ihr Angehöriger »nur« in Pflegegrad 2 oder 3 eingestuft ist, möglich ist, Bürgergeld zu erhalten. Er zeigt aber auch, dass hier durchaus mit Schwierigkeiten zu rechnen ist. Wenn die Pflege es erlaubt, dürfte es in jedem Fall sinnvoller sein, die Erwerbstätigkeit nicht aufzugeben, sondern »herunterzufahren«. Erfahrungsgemäß dürfte dies bei Jobcentern auf weniger Widerstand stoßen.

4.4 Vorausschauendes Modell: Betriebliches Langzeitkonto

Gerade in größeren Unternehmen sparen Arbeitnehmer häufig auf **Langzeit- oder Lebensarbeitszeitkonten** Geld- bzw. Zeitguthaben an. Sozialversicherungsrechtlich spricht man hier von **»Wertguthaben«.**

Arbeitnehmer können etwa Teile des Arbeitsverdienstes, Einmalzahlungen, Überstunden oder nicht genommene Urlaubstage auf vom Arbeitgeber eingerichteten Wertguthabenkonten ansparen. Die Guthaben können später vielfach flexibel genutzt werden – etwa für ein längeres Sabbatical, eine vorzeitige Freistellung vor dem Ruhestand, aber auch für eine Arbeitszeitverkürzung oder Auszeit für die Pflege. So können Sie gegebenenfalls schon frühzeitig vorsorgen, um später – beispielsweise – Zeit für die Pflege Ihrer Eltern zu haben.

Im Prinzip funktioniert das Modell folgendermaßen: Sie verzichten beispielsweise neun Jahre lang auf Ansprüche, die einem Zehntel Ihres Gehaltsanspruches entsprechen. Dann können Sie gegebenenfalls im zehnten Jahr weiterhin bei unveränderter Entlohnung eine Freistellung in Anspruch nehmen. Das zehnte Jahr ist in diesem Modell weiterhin voll sozialversicherungspflichtig. Sie haben damit selbst eine Auszeit vom Job – etwa für die Pflege – finanziert. Gegebenenfalls können Sie stattdessen – wenn das in Ihrem Betrieb möglich ist – zwei Jahre mit halber Arbeitszeit tätig sein. Das wäre dann etwa nach einer 8-jährigen »Ansparzeit« im neunten und zehnten Jahr möglich.

Ein Rechtsanspruch auf solche betrieblichen Langzeit- bzw. Lebensarbeitszeitkonten besteht nicht – es sei denn, es existieren entsprechende Tarifverträge oder Betriebsvereinbarungen (im Chemiebereich und im öffentlichen Dienst existieren solche Regelungen beispielsweise). Erkundigen Sie sich bei Ihrer Personalabteilung bzw. (falls vorhanden) bei Ihrem Betriebs- und Personalrat, welche Möglichkeiten in Ihrem Betrieb bestehen. Sinnvoll sind für Sie solche Modelle allerdings vor allem, wenn Sie davon ausgehen, dass Sie längere Zeit in Ihrem Betrieb verbleiben werden.

5 Leistungen der Pflegeversicherung zur Entlastung pflegender Angehöriger

Pflege ist hart und äußerst belastend – körperlich und psychisch. Wenn Sie sich entscheiden, als Angehöriger die Pflege zu übernehmen, sollten Sie von Anfang an der **Überlastung** vorbeugen. Wichtig zu wissen, ist daher, dass es spezielle Leistungen der Pflegeversicherung gibt, die genau diese Entlastung sicherstellen sollen. Zu nennen sind hier vor allem

- die **Verhinderungspflege,**
- die **Kurzzeitpflege** sowie
- die **Tages-/Nachtpflege.**

5.1 Die Verhinderungs- und Kurzzeitpflege

Bislang – und weiterhin bis Ende Juni 2025 – gibt es in der Pflegeversicherung zwei Leistungen für Pflegebedürftige ab Pflegegrad 2, die eigentlich ganz ähnlich funktionieren, für die aber gänzlich unterschiedliche Anspruchsvoraussetzungen und Regeln gelten, nämlich die Verhinderungs- und Kurzzeitpflege.

Die **Verhinderungspflege** kann genutzt werden, wenn Sie als pflegender Angehöriger in Urlaub oder krank sind oder beispielsweise vorübergehend in Ihrem Betrieb wieder Vollzeit statt Teilzeit arbeiten müssen. Die Pflege kann dann anderweitig geregelt werden. Das sind nur Beispiele.

Als pflegender Angehöriger müssen Sie der Pflegeversicherung gegenüber keine Rechenschaft ablegen, warum Sie für die Pflege vorübergehend ausfallen und der Pflegebedürftige die Verhinderungspflege in Anspruch nehmen muss oder will. Die Verhinderungspflege kommt auch infrage, wenn Sie stundenweise ausfallen – etwa, weil Dienstagabend Ihr Kinoabend ist und in dieser Zeit eine (bezahlte) Ersatzpflege nötig ist. Insgesamt stehen bisher 1.612,– € im Jahr für die Verhinderungspflege zur Verfügung, allerdings kann auch die Hälfte der nicht verbrauchten Leistungen für die Kurzzeitpflege (806,– €) für die Verhinderungspflege genutzt werden.

5.2 Neu seit 2024: Verhinderungspflege ab Eintritt der Pflegebedürftigkeit für Pflegebedürftige unter 25 Jahren

Seit Januar 2024 gibt es für die **Verhinderungspflege für Pflegebedürftige** unter 25 Jahren mit Pflegegrad 4 oder 5 Verbesserungen. Eine entsprechende Einstufung erfolgte zuletzt in etwa 60.000 Fällen. Für diese kleine Gruppe fällt nun zum einen die 6-monatige Vorpflegezeit für die Verhinderungspflege weg.

Seit dem 1.1.2024 können Familien mit schwerstpflegebedürftigen Kindern und Jugendlichen die Verhinderungspflege ab der Einstufung in die Pflegegrade 4 oder 5 nutzen (wie bislang schon die Kurzzeitpflege). So soll eine leichtere Inanspruchnahme (kein Nachweis einer Vorpflegezeit durch zum Beispiel ein ärztliches Attest) ermöglicht und zugleich der Aufwand der Pflegekassen für Prüfaufgaben reduziert werden.

Zum anderen kann seit Anfang 2024 die **Verhinderungspflege** von Kindern und Jugendlichen mit den Pflegegraden 4 und 5 bis zu acht (statt bis zu sechs) Wochen im Kalenderjahr genutzt werden. Dabei können auch die Mittel, die für die Kurzzeitpflege zur Verfügung stehen (2024: 1.774,– €), jetzt vollständig (und nicht nur zur Hälfte) für die Verhinderungspflege umgewidmet werden. Damit steht dafür 2024 maximal ein Jahresbetrag von (1.612,– € + 1.774,– € =) 3.386,– € für die Verhinderungspflege von schwerstpflegebedürftigen Kindern und Jugendlichen unter 25 Jahren zur Verfügung. Auch die hälftige

Fortzahlung eines zuvor bezogenen (anteiligen) Pflegegeldes während der Verhinderungspflege erfolgt ab 2024 für schwerstpflegebedürftige Kinder und Jugendliche bis zu acht (statt bis zu sechs) Wochen lang.

Ab dem 1.7.2025 wird die Voraussetzung einer 6-monatigen Vorpflegezeit für alle Pflegebedürftigen wegfallen.

5.3 Die Kurzzeitpflege

Ähnlich kann auch die sogenannte **Kurzzeitpflege** in Anspruch genommen werden. Dies war bislang bereits ab Beginn der Pflegebedürftigkeit ab Pflegegrad 2 möglich. Hierbei handelt es sich meist um ein **»Überbrückungs-Angebot«,** das ein Teil der **Pflegeheime** anbietet. Diese halten manchmal einen Teil ihrer Pflegeplätze für eine in der Regel mehrwöchige Vollzeitpflege vor, die beispielsweise genutzt werden kann, wenn vorübergehend die häusliche Pflege nicht möglich ist – etwa nach einem Schlaganfall des Pflegebedürftigen oder wenn eine Pflegeperson in Urlaub oder krank ist.

Pflegebedürftigen wird für die Kurzzeitpflege genau wie für die Verhinderungspflege **kein Geldbetrag** ausgezahlt, über den sie frei verfügen können. Vielmehr können sie in gewissem Umfang bei ihrer **Pflegekasse Leistungen** abrufen. Die Kurzzeitpflege ist auf maximal acht Kalenderwochen im Jahr begrenzt. Zudem ist der Zuschuss auf maximal 1.774,– € im Kalenderjahr begrenzt (Betrag gilt seit 2022).

Teilweise können Teile des Etats für Kurzzeit- bzw. Verhinderungspflege, die nicht aufgebraucht sind, für die jeweils andere Leistung genutzt werden. Lassen Sie sich hierzu von der Pflegekasse Ihres Angehörigen beraten.

5.3.1 Ab Mitte 2025 ein gemeinsamer Jahresbetrag

Ab dem 1.7.2025 bleibt es zwar beim Nebeneinander der beiden verwandten Leistungen. Es gibt jedoch für die Leistungen Verhinderungs- und Kurzzeitpflege einen **»gemeinsamen Jahresbetrag«.** Für beide Leistungen steht ab Mitte 2025 ein kalenderjährlicher Gesamtleistungsbetrag von bis zu 3.539,– € zur Verfügung, den die Anspruchsberechtigten nach ihrer Wahl flexibel für beide Leistungsarten einsetzen können. Der genannte Maximalbetrag steht allein Pflegebedürftigen ab Pflegegrad 2 zu. Zwischen den Pflegegraden wird bei diesem Etat nicht differenziert.

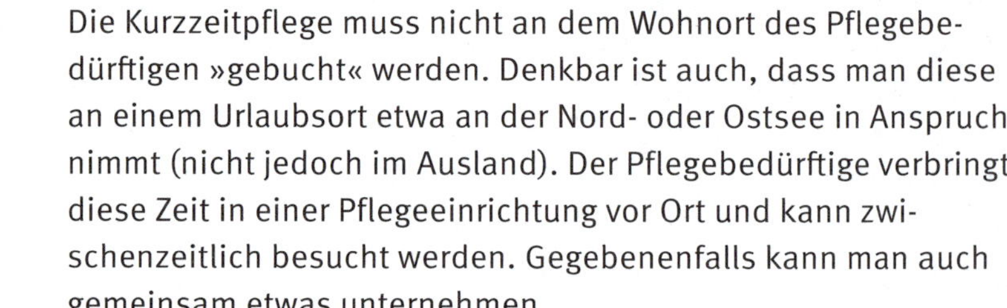

Die Kurzzeitpflege muss nicht an dem Wohnort des Pflegebedürftigen »gebucht« werden. Denkbar ist auch, dass man diese an einem Urlaubsort etwa an der Nord- oder Ostsee in Anspruch nimmt (nicht jedoch im Ausland). Der Pflegebedürftige verbringt diese Zeit in einer Pflegeeinrichtung vor Ort und kann zwischenzeitlich besucht werden. Gegebenenfalls kann man auch gemeinsam etwas unternehmen.

Von den **Pflegekassen** ist dies möglicherweise nicht ganz so gerne gesehen, aber möglich ist es: Bevor ein Pflegebedürftiger in ein Pflegeheim umzieht, kann er dieses per **»Kurzzeitpflege«** erproben. Mitunter werben Heime sogar mit dieser Möglichkeit.

! Pflegebedürftige sollten allerdings die Erfahrungen, die sie in der Zeit der Kurzzeitpflege in einem Heim machen, nicht überbewerten. Gegebenenfalls bekommen sie in dieser Zeit nur die »Schokoladenseite« des Heims zu Gesicht. Wer diese Möglichkeit nutzt, sollte deshalb die Probezeit insbesondere nutzen, um zu erfahren, welche Erfahrungen die »normalen« Heimbewohner gemacht haben.

5.3.2 Pflegegeld bleibt zur Hälfte erhalten

Das ansonsten von der Kasse gezahlte Pflegegeld bleibt in der Zeit der Verhinderungspflege teilweise erhalten. Das Pflegegeld wird bis zu sechs Wochen lang zur Hälfte weitergezahlt, wenn die Pflegebedürftigen in Verhinderungspflege sind (§ 37 Abs. 2 SGB XI). Gleiches gilt bei der Kurzzeitpflege. Das Pflegegeld wird bis zu acht Wochen lang zur Hälfte weitergezahlt, wenn Pflegebedürftige in Kurzzeitpflege sind (§ 37 Abs. 2 SGB XI).

5.4 Die Tages- und Nachtpflege

Wenn Pflegebedürftige die Pflegeleistungen eines sozialen Dienstes in Anspruch nehmen, **mindert** dies in jedem Fall ihren **Anspruch auf Pflegegeld.** Wenn sie dagegen Tages- oder Nachtpflege nutzen, gilt dies nicht. Selbst wenn sie diese Leistungen in vollem Umfang nutzen, steht ihnen das volle Pflegegeld zu.

Tages- und Nachtpflege sind nicht nur unter finanziellen Gesichtspunkten die attraktivsten Leistungen der Pflegeversicherung für zu Hause lebende Pflegebedürftige. Allerdings ist das Angebot, das es bislang von Dienstleistern in diesem Bereich gibt, höchst überschaubar.

In der **Tagespflege** werden **Pflegebedürftige stunden- oder tageweise betreut.** Ein Beispiel aus Düsseldorf zeigt, wie das Modell genutzt werden kann:

»Morgens um acht auf dem Weg in die Innenstadt bringe ich meine Mutter bei der Tagespflege vorbei. Dort wird sie vormittags betreut. Und wenn ich mittags von der Arbeit zurückfahre, hole ich sie wieder ab«. Elke S. arbeitet als Versicherungsangestellte. Seit einem Jahr pflegt sie ihre Mutter, die nach einem Schlaganfall pflegebedürftig wurde und nun in Pflegegrad 3 eingruppiert ist. »Ohne die Tagespflege könnte ich Pflege und Job nicht unter einen Hut bringen«, sagt die 56-Jährige und ergänzt: »Und auch für meine Mutter ist das okay, für sie ist das eine interessante Abwechslung«.

Im Mai 2023 waren an 6.897 Standorten in Deutschland Tagespflegeeinrichtungen registriert. Von 3.378 dieser Einrichtungen lagen Auslastungsinformationen vor. An diesen Standorten waren 38.978 der insgesamt 58.267 Plätze belegt, was einer durchschnittlichen Auslastung von 67,0 % entspricht. Diese Daten wurden von www.pflegemarkt.com erhoben.

Der Leiter einer Düsseldorfer Einrichtung erklärt, wie das Konzept funktioniert: »Unsere Gäste – es sind bis zu 16 – leben zu Hause und werden in der Regel von ihren Angehörigen betreut. Diese sind häufig überlastet, überfordert, meist sind sie auch selbst älter. Unsere Einrichtung bietet den Angehörigen Entlastung. Es geht darum, ihnen überhaupt Freiraum zu verschaffen. Seltener geht es momentan darum, Job und Pflege miteinander zu vereinbaren«.

»Das wird künftig durch die gesetzlichen Änderungen bei der Pflege wohl stärker in den Vordergrund treten. Dadurch, dass wir bis 18:00 Uhr geöffnet haben, bieten wir Arbeitnehmern eine gute Möglichkeit, ihren Job weiterhin wahrnehmen zu können«. Einige Gäste – wie sie hier genannt werden – kommen einmal in der Woche, andere besuchen die Einrichtung täglich. Die Einrichtung ist von 10:00 Uhr bis 18:00 Uhr geöffnet, andere Tagespflegen haben auch andere Öffnungszeiten. »Meist haben die Gäste zu Hause bereits gefrühstückt«, erklärt der Leiter der Düsseldorfer Einrichtung, »sodass der Tag bei uns mit einem zweiten Frühstück beginnt. Vom Konzept her spielt bei uns die jahreszeitliche Gestaltung der Räumlichkeiten eine große Rolle. Im Rahmen von kreativen Angeboten stellen wir zum Beispiel die Dekoration zusammen mit den Gästen selbst her. Wichtig ist bei uns auch die Bewegung, Gymnastik spielt bei uns eine große Rolle«.

Wer bei diesen Schilderungen an **Kindertagesstätten** denkt, liegt nicht ganz falsch. Und auch die Art, wie sie von Arbeitnehmern (und dabei geht es heute immer noch vorwiegend um Frauen) zur Entlastung genutzt werden können, ist durchaus ähnlich.

Manche Tagespflegen können für einen halben Tag gebucht werden, andere nur für komplette Tage. »Sie können also – nach Belieben – ein bis fünf Tage in der Woche die Tagespflege in Anspruch nehmen. Wenn ein pflegender Angehöriger also beispielsweise drei Tage in der Woche arbeitet, kann die Tagespflege für drei Wochentage gebucht werden. Natürlich kann unsere Einrichtung auch nur für einen halben Tag genutzt werden, wir berechnen dann aber volle Tage«, ist vom Leiter der Düsseldorfer Einrichtung zu erfahren.

Pflegebedürftige bzw. ihre Angehörigen, die eine Tagespflege nutzen, müssen schon seit Anfang 2015 keine Einschränkungen bei anderen Leistungen der Pflegeversicherung mehr hinnehmen. Wer Pflegegrad 3 hat, kann zum Beispiel monatlich einen Etat in Höhe von 1.298,– € für die Tagespflege nutzen und zusätzlich nochmals Pflegeleistungen eines ambulanten Dienstes in gleicher Höhe in Anspruch nehmen. Wenn Pflegebedürftige und Angehörige ohne zusätzliche »Profi-Hilfen« auskommen, kann man das volle Pflegegeld erhalten.

Monatliche (maximale) Sachleistung für Tages- und Nachtpflege

Pflegegrad 1	0,– €
Pflegegrad 2	689,– €
Pflegegrad 3	1.298,– €
Pflegegrad 4	1.612,– €
Pflegegrad 5	1.995,– €

Schon zu Beginn der Angehörigenpflege sollten Sie sich als pflegender Angehöriger erkundigen, welche Institutionen in ihrer Region Tages- oder Nachtpflege anbieten. Diese Angebote stellen eine erhebliche Entlastung für Sie dar. Die Nachtpflege in einer Einrichtung kann beispielsweise einem Angehörigen ermöglichen, Nachtruhe zu finden, wenn – was häufig bei Dementen der Fall ist – der Pflegebedürftige eine Störung des Tag-Nacht-Rhythmus hat und nachts unruhig umherläuft. Die Nacht über wird der Betroffene dann in der Einrichtung betreut. Allerdings: Das Angebot gibt es bislang leider nur sehr selten.

6 Anspruch auf einen kostenlosen Pflegekurs

6.1 Nutzen Sie kostenlose Pflegekurse

Wenn absehbar ist, dass Sie in naher Zukunft in Ihrer Familie Pflegetätigkeiten übernehmen werden, sollten Sie in jedem Fall einen **Pflegekurs** absolvieren. Dort lernen Sie beispielsweise, wie Sie einem Angehörigen rückenschonend (= schonend für Ihren eigenen Rücken) aus dem Bett helfen.

Sie erfahren aber auch, wer in welcher Situation in einen Pflegegrad eingestuft wird und wann es sich lohnen kann, eine **Höherstufung** zu beantragen. Untersuchungen und Erfahrungen von Pflegediensten belegen: Pflegepersonen sind bei Übernahme der Aufgabe überwiegend ohne jede Pflegeerfahrung und arbeiten meist ohne qualifizierte Pflegeeinweisung.

Wer im Pflegebereich arbeitet, kennt praktische Tipps, die den Alltag erleichtern können. Davon können Angehörige profitieren. Denn ihnen steht ein kostenloser Pflegekurs zu, in dem Pflegeprofis ihr Wissen vermitteln.

Der **Rechtsanspruch auf einen kostenlosen Pflegekurs** ist in § 45 SGB XI (Pflegeversicherung) geregelt. Der Kreis derjenigen, die Anspruch auf einen solchen Kurs haben, ist sehr weit gefasst. Der Anspruch gilt für »Angehörige und sonstige an einer ehrenamtlichen Pflegetätigkeit interessierte Personen«. Ziel ist es, »soziales Engagement im Bereich der Pflege zu fördern und zu stärken, Pflege und Betreuung zu erleichtern und zu verbessern sowie pflegebedingte körperliche und seelische Belastungen zu mindern und ihrer Entstehung vorzubeugen«.

Niemand muss nachweisen, dass er einen Angehörigen betreut, der (bereits) als pflegebedürftig anerkannt ist.

Es gibt auch **spezielle Schulungen,** die Angehörige detaillierter auf bestimmte Situationen vorbereiten. Typische **Spezialkurse** sind etwa:

- Pflege von Personen mit Demenz,
- Pflege von Personen mit Multipler Sklerose,
- Pflege von Personen mit Parkinson,
- Pflege von Schlaganfallpatienten und
- Pflege von pflegebedürftigen Kindern.

Hierüber kann man sich vielfach gut bei den örtlichen Pflegeberatungsstellen informieren.

6.2 Kurse auch »zu Hause«

Enger begrenzt ist ein **spezieller Rechtsanspruch** auf eine praxisnahe Schulung in der **häuslichen Umgebung** des Pflegebedürftigen, die ebenfalls kostenlos ist. Dieser wird auf Wunsch »der Pflegeperson und der pflegebedürftigen Person« durchgeführt. Hier ist also die Anerkennung der Pflegebedürftigkeit des Betroffenen die Voraussetzung.

In vielen Fällen kann es auch sinnvoll sein, bei neu eintretender Pflegebedürftigkeit – etwa nach einem Schlaganfall – zunächst einen professionellen Pflegedienst einzuschalten. Dies gilt auch dann, wenn Angehörige prinzipiell die Pflege selbst übernehmen möchten. In solchen Fällen können Sie (jedenfalls dann, wenn qualifizierte Kräfte die Pflege übernehmen) zunächst einmal von den »Profis« die wichtigsten Handgriffe und die Art des Umgangs mit dem Pflegebedürftigen abschauen. Später können Sie dann den Vertrag mit dem Pflegedienst kündigen und die Pflege selbst übernehmen.

7 Pflege und Erbe

Für viele Pflegebedürftige dürfte es eine Selbstverständlichkeit sein, dass diejenigen, die sie in den letzten Lebensjahren betreut haben, auch beim Erbe in besonderer Weise bedacht werden. Doch einen Automatismus gibt es hier nicht und insbesondere keine völlig eindeutigen gesetzlichen Regeln.

Über das Thema Pflege und Erbe sollte in Familien offen gesprochen werden – schon um späteren Streit zu vermeiden.

7.1 Die Rechtslage

Kinder oder Enkel, die ihre Eltern oder Großeltern gepflegt haben, können **mehr erben als andere Verwandte,** die das nicht getan haben. Das jedenfalls sieht das Erbrecht seit 2010 in manchen Fällen vor – geregelt in § 2057a BGB. Wie viel pflegenden Kindern zusteht, hat der Gesetzgeber nicht festgelegt. Hierzu müssen demnach jeweils einzelfallbezogene Entscheidungen getroffen werden. In einem Fall, über den das Oberlandesgericht (OLG) Frankfurt a.M. zu urteilen hatte, wurde dem Sohn, der die Mutter über viele Jahre gepflegt hatte, ein Ausgleich in Höhe von 40.000,– € zugestanden (Az. 13 U 31/18).

In Frankfurt a.M. ging es um die **Aufteilung der Hinterlassenschaft** einer demenzkranken Mutter von vier Kindern. Ein Sohn hatte sie über viele Jahre gepflegt. Zunächst hatte er sie im Elternhaus versorgt, nach ein paar Jahren dann in seinen eigenen Haushalt aufgenommen. Bei der Pflege wurde er in Teilbereichen von einem ambulanten Pflegedienst und von einer Haushaltshilfe unterstützt. Für seine langjährige Pflege verlangte er einen Ausgleich, was von seinen drei Geschwistern nicht akzeptiert wurde.

Nach den Ausführungen des Gerichts ist zu schließen, dass es hier wohl zu einem heftigen Zerwürfnis kam, wobei auch über das Ausmaß der Pflegetätigkeit des pflegenden Sohns gestritten wurde.

»Möglicherweise habe er nur gelegentlich mal eine Windel gewechselt oder die Erblasserin geduscht«, zitiert das Gericht die klagenden drei Geschwister. Das Gericht hielt dem entgegen, dass die Mutter unter ausgeprägter Demenz gelitten habe, sodass sie permanenter Aufsicht bedurft habe, was ebenfalls als Pflegeleistung zu berücksichtigen sei. Der Sohn habe »rund um die Uhr Pflegeleistungen nach § 2057a BGB erbracht«. Dies sei weit über das Maß hinausgegangen, wie viel Zeit und Energie Kinder normalerweise für ihre Eltern aufbringen. Wichtig sei zudem: Wäre die Mutter nicht von ihrem Sohn privat gepflegt worden, sondern hätte jahrelang in einer Einrichtung gelebt, wäre vom Erbe weit weniger übrig gewesen. Es sei als Verdienst des Sohnes zu werten, dass er das Erbe geschont hatte.

Die Richter gestanden dem Sohn 40.000,– € pauschal für seine Gesamt-Pflegeleistung zu. Das Gesamterbe betrug 166.000,– €. Die verbleibenden 126.000,– € wurden zu gleichen Teilen an die vier Geschwister verteilt. Der pflegende Sohn erhielt damit insgesamt 71.500,– €.

Grundlage für die Entscheidung des Gerichts ist eine **Änderung des Erbrechts,** die am 1.1.2010 in Kraft trat. Zuvor regelte § 2057a BGB, dass **Ausgleichsansprüche** Pflegenden nur dann zustünden, wenn die Pflege »unter Verzicht auf berufliches Einkommen« erfolgte. Dieser Zusatz ist seit 2010 entfallen. Voraussetzung eines Ausgleichsanspruchs ist also nicht, dass pflegende Angehörige etwa ihre Arbeitszeit verkürzt haben.

7.2 Wer kann Ausgleichsansprüche beanspruchen?

Begünstigt sind nur die direkten »Abkömmlinge« von Menschen, die vor ihrem Tod gepflegt wurden. In gerader Linie sind dies die Kinder (egal ob ehelich oder nicht ehelich oder adoptiert), Enkel und Urenkel. Außen vor bleiben damit Pflegepersonen, die ihre verstorbenen Brüder oder Schwestern, Schwiegereltern, Freunde oder Nachbarn gepflegt haben.

Weitere Voraussetzung des Ausgleichsanspruchs ist, dass ein »Erblasser während längerer Zeit gepflegt« wurde. Hierbei muss es sich um einen Pflegebedürftigen im Sinne des Pflegeversicherungsgesetzes gehandelt haben.

7.3 Was ist die Pflege beim Erbe wert?

In den Gesetzesmaterialien aus dem Jahr 2009 findet sich folgendes Beispiel, das illustrieren soll, wie die Pflege beim Erbe berücksichtigt werden kann:

Die verwitwete Erblasserin wird über lange Zeit von ihrer berufstätigen Tochter gepflegt. Der Sohn kümmert sich nicht. Die Erblasserin stirbt, ohne ein Testament hinterlassen zu haben. Der Nachlass beträgt 100.000,– €. Die Pflegeleistungen sind mit 20.000,– € zu bewerten. Derzeit erben Sohn und Tochter je zur Hälfte. Künftig kann die Schwester einen Ausgleich für ihre Pflegeleistungen verlangen. Von dem Nachlass wird zugunsten der Schwester der Ausgleichsbetrag abgezogen und der Rest nach der Erbquote verteilt (100.000,– € ./. 20.000,– € = 80.000,– €). Von den 80.000,– € erhalten beide die Hälfte, die Schwester zusätzlich den Ausgleichsbetrag von 20.000,– €. Im Ergebnis erhält die Schwester also 60.000,– €.

Zu betonen ist dabei, dass es sich um ein rein fiktives Beispiel handelt. Die hier genannten 20.000,– € dienen nur dazu, die Art der Verrechnung zu demonstrieren. In der Praxis wird oft darüber gestritten, wie die Pflegezeit konkret zu bewerten ist.

7.4 Wie können pflegende Kinder oder Enkel Ausgleichsansprüche durchsetzen?

Hierzu gibt es keine Instanz, die den Erben sagt, wie zu verfahren ist. Faktisch müssen pflegende Kinder oder Enkel **Ausgleichsansprüche gegenüber ihren Miterben anmelden.** Am besten ist es in diesem Fall, wenn man eine Art Pflegetagebuch vorlegen kann, in dem konkret aufgelistet ist, an welchen Tagen welche Pflegeaktivitäten verrichtet wurden.

Sinnvoll wäre es sicherlich noch, wenn – was allerdings oft nicht möglich sein wird – die Aufzeichnungen von der gepflegten Person bestätigt würden. Dann kann beispielsweise eine pflegende Tochter argumentieren: »Ich habe pro Monat im Schnitt 150 Stunden gepflegt. Als Pflegehilfskraft hätte ich dafür 13,90 € pro Stunde bekommen. Das macht 2.405,– € pro Monat, bei einer 40-Stunden-Woche. Bei zehn Monaten Pflege sind das 24.050,– €. Diesen Betrag will ich vom Erbe für mich haben. Den Rest können wir dann teilen«. Falls die Brüder damit nicht einverstanden sind, bleibt der pflegenden Schwester nur der Weg zum Rechtsanwalt und gegebenenfalls zum Gericht.

Um den Streit ums Erbe so weit wie möglich zu vermeiden, kann der Pflegebedürftige natürlich schon zu Lebzeiten per Testament regeln, dass diejenigen, die ihn betreuen, beim Erbe besonders bedacht werden. Dabei können auch Nachbarn, Bekannte und Freunde sowie natürlich auch Schwiegertöchter und -söhne berücksichtigt werden, die sonst – soweit kein Testament aufgesetzt ist – leer ausgehen. In § 13 Abs. 1 Nr. 9 Erbschaftsteuer- und Schenkungsteuergesetz sind in diesem Zusammenhang Steuerbefreiungen geregelt. Danach bleiben vom Erbe bis zu 20.000,– € steuerfrei, wenn dem Erblasser »unentgeltlich oder gegen unzureichendes Entgelt Pflege oder Unterhalt« gewährt wurde, »soweit das Zugewendete als angemessenes Entgelt anzusehen ist«.

Index

10 Stunden Pflege pro Woche 45

99,99-Prozent-Teilrente 41, 50

99-Prozent-Teilrente 53

A

Alternde Gesellschaft 3

Angehörigenpflege 3, 9, 19

Angehörigenpflege bei Bezug von Arbeitslosengeld 59

Anspruch auf Arbeitslosengeld 54

Antrag auf Anerkennung der Pflegebedürftigkeit 17

Arbeitslosengeld 59

Arbeitslosenversicherung 54

Arbeitslosenversicherungspflicht 54

Arbeitszeitreduzierung 67

Ärztliches Attest 27, 34

Aufteilung der Hinterlassenschaft 87

Ausgleichsansprüche 88

Auslandsurlaub 66

Auszeit 20

Auszeit für die Angehörigenpflege 55

Auszeit für die Pflege 67

B

Bedingungsloses Grundeinkommen 71

Beitragspflicht 45

Bemessungszeitraum 56

Betriebliche Altersversorgung 54

Betriebliches Langzeitkonto 74

Betriebsrente 54

Bürgergeld 59, 71

D

Deutsches Institut für Wirtschaftsordnung 3

Dringende betriebliche Ablehnungsgründe 32

E

Ehrenamtliche Pflege 41

Einkommensausfall 71

Elterngeld 67

Enkel 89

Entgeltbescheinigung 28

Entgeltpunkte 48

Erbe 89

F

Familienpflegegesetz 35

Familienpflegezeitgesetz 22

Familienversicherung 60

Familienzeit 35

Fiktive Bemessung des Arbeitslosengeldes 58

Freistellungsanspruch zur Sterbebegleitung 35

G

Gemeinsamer Jahresbetrag 80

Gesetzliche Kranken- und Pflegeversicherung 60

Gesetzliche Unfallversicherung 64

H

Hilfen im Haushalt 65
Höhe der Rentenversicherungsansprüche 47
Höhe der Rentenversicherungsbeiträge 44
Höhe des Arbeitslosengeldes 57
Höherstufung 85

I

Individueller Versorgungsplan 11

J

Jobcenter 72

K

Keine erwerbsmäßige Pflege 46
Kinder 89
Kleine Pflegezeit 23
Kündigungsschutz 33
Kurzzeitpflege 79

L

Leistungen der Pflegeversicherung 77

M

Medicproof 17, 52
Medizinischer Dienst 17, 52
Mindestbemessungsgrundlage 61
Mindeststundenzahl 62
Monatliche Bruttoeinkommen 57

N

Nächstenpflege 3
Nachteilsausgleiche 54
Nahe Angehörige 20
Notvertretungsrecht für Ehepartner 14

P

Pfändbarkeit des Pflegegeldes 68
Pfändungs- und Überweisungsbeschluss 68
Pflegeantrag stellen 13
Pflegebedarf 12
Pflegeberater 12
Pflegeberatung 10
Pflegedienst 16, 47
Pflegedokumentation 18
Pflegegeld 59, 67, 69, 80
Pflegeheim 79
Pflegekasse 51, 52
Pflegekenntnisse 10
Pflegekurs 85
Pflegende Angehörige 3
Pflegeperson 17
Pflegetagebuch 18
Pflegetätigkeit auf Dauer 45
Pflege und Erbe 87
Pflegeunterstützungsgeld 25, 28
Pflegezeit 21, 29, 32
Pflegezeitgesetz 20

R

Rechtsanspruch auf einen kostenlosen Pflegekurs 85
Rentenlücken 42
Rentenplus 48
Rentenversicherungsnummer 52
Rentenversicherungspflicht 49

S

Sperrzeit 59
Spezialkurse 86

T

Tages- und Nachtpflege 81
Teilrente 43, 50
Teilzeit 31
Teilzeitlohn 69

U

Überlastung 77

V

Verdienstausfall 4
Verhinderungspflege 78
Verhinderungs- und Kurzzeitpflege 77
Verkürzung Ihrer Arbeitszeit 19, 20
Versicherungspflicht 44, 46, 56
Versicherungspflicht der ehrenamtlichen Pflegetätigkeit 44
Verwertbares Vermögen 70
Vollrente 43
Vollzeitbeschäftigung 19
Voraussichtliche Pflegebedürftigkeit 24
Vorsorgevollmacht 15

W

Wohngeld 69
Wohngeldgesetz 69
Wohnungsanpassung 12

Z

Zwischenbescheid 52